कारपेंटर हिंन्दी MCQ

मनोज डोळे

Copyright © Manoj Dole
All Rights Reserved.

This book has been published with all efforts taken to make the material error-free after the consent of the author. However, the author and the publisher do not assume and hereby disclaim any liability to any party for any loss, damage, or disruption caused by errors or omissions, whether such errors or omissions result from negligence, accident, or any other cause.

While every effort has been made to avoid any mistake or omission, this publication is being sold on the condition and understanding that neither the author nor the publishers or printers would be liable in any manner to any person by reason of any mistake or omission in this publication or for any action taken or omitted to be taken or advice rendered or accepted on the basis of this work. For any defect in printing or binding the publishers will be liable only to replace the defective copy by another copy of this work then available.

डिजिटाइजेशन समय की मांग है। भविष्य में, प्रशिक्षण को अधिक सुविधाजनक और आसान बनाने के लिए ऑनलाइन इंटरनेट का उपयोग करके औद्योगिक प्रशिक्षण संस्थानों में प्रशिक्षण आयोजित करने की आवश्यकता होगी। एमसीक्यू प्रश्नों के एक सेट वाली ई-पुस्तकें प्रशिक्षुओं को उपलब्ध कराई जाएंगी क्योंकि उन्हें अपने औद्योगिक प्रशिक्षण संस्थानों में होने वाली ऑनलाइन परीक्षाओं की तैयारी के लिए बहुविकल्पीय प्रश्नों एमसीक्यू के अधिक आदी होने की आवश्यकता है।

इन सब बातों को ध्यान में रखते हुए औद्योगिक प्रशिक्षण संस्थान सतारा के प्रशिक्षक श्री मनोज मधुकर डोले ने नई वार्षिक प्रणाली और एनएसक्यूएफ-5 पाठ्यक्रम के अनुसार पुस्तकें लिखी हैं। और उन्होंने प्रशिक्षण को आसान बनाने के लिए सैद्धांतिक मोबाइल ऐप और ब्लॉग बनाए हैं, और इन सभी शैक्षिक सामग्री को विश्व प्रसिद्ध वेबसाइटों Google Play Store, Amazon और Apple Book Store पर डाउनलोड के लिए उपलब्ध कराया है।

पुस्तकों का प्रकाशन माननीय सहसंचालक श्री राजेंद्र घुमे साहेब प्रादेशिक व्यावसायिक शिक्षण व प्रशिक्षण कार्यालय, पुणे द्वारा दिनांक 9/1/2019 को किया गया, इस समय श्री प्रकाश सहगवकर साहब प्राचार्य शासकीय औद्योगिक प्रशिक्षण संस्थान औंध पुणे, श्री तुकाराम मिसाल साहेब प्राचार्य सरकार प्र. संस्था सतारा, श्री सचिन धूमल साहब जिला व्यावसायिक शिक्षा एवं प्रशिक्षण अधिकारी सतारा, श्री यतिन परगांवकर साहब प्राचार्य शासन. Q. संस्था कोल्हापुर, श्री विकास टेक साहब इंस्पेक्टर वोकेशनल एजुकेशन एंड ट्रेनिंग रीजनल ऑफिस पुणे, पालेकर फूड्स प्रोडक्ट्स प्रा. लि. सतारा के उद्यमी अध्यक्ष श्री नीलकंठराव पालेकर साहब, हीरा फूड्स के अध्यक्ष श्री इब्राहिम बाबा तंबोली साहब, श्रीमती शाल्मली पवार मुख्याध्यापिका शासकीय तकनीकी विद्यालय केंद्र सतारा सहित अन्य गणमान्य व्यक्ति इस अवसर पर उपस्थित थे।

क्रम-सूची

प्रस्तावना

कारपेंटरMCQ आईटीआई और इंजीनियरिंग कोर्स कारपेंटर, 2022 में संशोधित एनएसक्यू पाठ्यक्रम के लिए एक सरल ई-बुक है, इसमें रेखांकित और बोल्ड सही उत्तरों के साथ वस्तुनिष्ठ प्रश्न शामिल हैं, जिसमें सभी विषयों को शामिल किया गया है, जिसमें मेक, असेंबल, परिवर्तन और मरम्मत के बारे में सभी नवीनतम और महत्वपूर्ण शामिल हैं। लकड़ी के ढांचे और लेख के नमूने या ड्राइंग के अनुसार हाथ या बिजली उपकरण या दोनों का उपयोग करना। संरचना या वस्तु के प्रकार को समझने के लिए नमूने पर अध्ययन करना और आवश्यक लकड़ी की मात्रा की गणना करना। आवश्यकताओं के अनुरूप लकड़ी का चयन करता है। स्क्वायर, स्क्राइबर आदि का उपयोग करके उन्हें आकार में चिह्नित करना। आरी, छेनी और लकड़ी के टुकड़ों को आवश्यक आकार में समतल करना और आरी, प्लेन, मोर्टिसिंग, छेनी, ड्रिल और अन्य बढ़ईगीरी हाथ या शक्ति का उपयोग करके आवश्यक जोड़ जैसे आधा गोद, टेनोनमॉर्टिस, डोवेटेल आदि बनाना। आवश्यकतानुसार उपकरण। पुर्जों की शुद्धता सुनिश्चित करने के लिए स्क्वायर, फुट रूल, मेजरमेंट टेप आदि से बार-बार जाँच करना। भागों को इकट्ठा करना और उन्हें पेंच, नेलिंग या डॉवेलिंग द्वारा स्थिति में सुरक्षित करना। ड्राइंग या नमूने के साथ इकट्ठे ढांचे की जांच करता है; दोषों को सुधारता है, यदि कोई हो, और इसे आवश्यक विनिर्देशों के अनुसार पूरा करता है। पुरानी संरचनाओं या वस्तुओं के मामले में समान तरीके से घटकों को बदलना, मरम्मत करना या बदलना। भागों को एक साथ चिपका सकते हैं। सैंडपेपर और पॉलिश के साथ सतह को चिकना और खत्म कर सकते हैं। संरचना और पॉलिश करने के लिए धातु की फिटिंग को ठीक कर सकते हैं। संरचना या निर्मित वस्तु के लिए धातु की फिटिंग को ठीक कर सकते हैं। फर्नीचर की लागत की गणना कर सकते हैं। अपने स्वयं के औजारों को तेज कर सकता है। बढ़ई, निर्माण; कारपेंटर बिल्डिंग हाथ या बिजली उपकरण या दोनों का उपयोग करके दरवाजे, खिड़कियां, फ्रेम और इमारत के अन्य लकड़ी के फिक्स्चर बनाता है, संयोजन करता है, बदलता है और मरम्मत करता है। चित्रों या नमूनों का अध्ययन करना और आवश्यक लकड़ी की मात्रा की गणना करना। आरी बिजली या हाथ के औजारों से टुकड़ों की देखरेख करती है या विभिन्न घटकों को बनाने के लिए लकड़ी इकट्ठा करती है। उपरोक्त टुकड़ों के दो पक्षों की योजना बनाएं, त्रि-स्क्वायर, स्क्राइबर, पेंसिल आदि का उपयोग करके आयामों को चिह्नित करें, और उन्हें एडजिंग, सॉइंग और प्लानिंग द्वारा आवश्यक आकार में कम करें। अलग-अलग सदस्यों के निशान काटकर उन्हें आवश्यकतानुसार आकार देते हैं और टेनन और मोर्टिज़, हाफ लैप और अन्य जोड़ों को आरी, छेनी, ड्रिलिंग और फिलिंग द्वारा बनाते हैं। शुद्धता सुनिश्चित करने के लिए आकार और आकार देते समय अक्सर टुकड़ों की जांच करता है। आवश्यकतानुसार ग्लूइंग, क्रैम्पिंग, डॉवेलिंग, नेलिंग और स्क्रूइंग द्वारा फ्रेमवर्क को चरणबद्ध तरीके से असेंबल करना। सटीकता के लिए तैयार लेख की जांच करता है। धातु

की छड़ों, टिकाओं आदि को लकड़ी के काम में जहां आवश्यक हो, फिट करता है और यदि कोई हो तो फिटिंग में दोषों को सुधारता है। अपने स्वयं के औजारों को तेज करता है। यदि आवश्यक हो तो मचान खड़ा कर सकते हैं। और बहुत अधिक।

हम प्रत्येक नए संस्करण के साथ नए प्रश्न उत्तर जोड़ते हैं। किसी भी त्रुटि/चूक के मामले में कृपया हमें ईमेल करें। यह यकीनन सभी इंजीनियरिंग बहुविकल्पीय प्रश्नों और उत्तरों के लिए सबसे बड़ी और सर्वश्रेष्ठ ई-बुक है।

एक छात्र के रूप में आप इसे अपनी परीक्षा की तैयारी के लिए उपयोग कर सकते हैं। यह ई-पुस्तक प्रोफेसरों के लिए सामग्री को ताज़ा करने के लिए भी उपयोगी है।

भूमिका

डीजीईटी नई दिल्ली और सीएसटीएआरआई कोलकाता अगस्त 2018 सत्र से आईटीआई में सभी व्यवसायों के लिए एक वार्षिक पैटर्न लागू कर रहे हैं। परीक्षा प्रणाली में भी बदलाव किया जाएगा और यह इस साल से ऑनलाइन हो जाएगी और चूंकि सभी प्रश्न वस्तुनिष्ठ प्रकार (एमसीक्यू) के हैं, इसलिए प्रशिक्षुओं को गहन अध्ययन की सख्त जरूरत है। इसे ध्यान में रखते हुए हमें पुराने NIMI पैटर्न पर आधारित पुस्तकें और नए वार्षिक पैटर्न का संपूर्ण अवलोकन प्रस्तुत करते हुए प्रसन्नता हो रही है, और हम आशा करते हैं कि ये पुस्तकें सभी व्यावसायिक निदेशकों और प्रशिक्षुओं के लिए एक मार्गदर्शक होंगी। है।

इन पुस्तकों को लिखने के लिए आईटीआई अकलुज के प्राचार्य जोहर अवाटे साहब ने कहा। आईटीआई सतारा सहगवकर साहब के पूर्व प्राचार्य, सहायक निदेशक श्री चंद्रकांत ढेकने साहेब क्षेत्रीय व्यावसायिक शिक्षा एवं प्रशिक्षण कार्यालय, पुणे, जिला व्यावसायिक शिक्षा एवं प्रशिक्षण अधिकारी सचिन धूमल साहेब एवं प्रधानाध्यापक शासकीय तकनीकी विद्यालय केन्द्र शाल्मली पवार मैडम एवं पुत्र अधिराज डोले, माता कुसुम डोले , मैं अपने पिता मधुकर डोले और पत्नी अश्विनी डोले को समय-समय पर उनके विशेष मार्गदर्शन और सहयोग के लिए बहुत आभारी हूं।

साथ ही, बहुत ही कम समय में श्री राजेन्द्र घुमे साहेब, संयुक्त निदेशक, व्यावसायिक शिक्षा और प्रशिक्षण क्षेत्रीय कार्यालय, पुणे द्वारा पुस्तक के प्रकाशन में उनके अमूल्य समय के लिए पुस्तक की समीक्षा की गई। मैं उनकी प्रतिक्रिया के लिए हृदय से आभारी हूँ।

पुस्तक लिखने की शुरुआत से ही निरंतर समर्थन के लिए मैं आईटीआई सतारा के प्रशिक्षक का आभारी हूं।

इस पुस्तक से, मैं खुद को धन्य मानता हूं कि मैंने आपके साथ ई-लर्निंग पर अपने विचार साझा किए। मैं यह दावा नहीं करूंगा कि यह पुस्तक पूर्ण है, क्योंकि पूर्णता को देखते हुए यह पुस्तक एक प्रयास है और अपनी शैशवावस्था में है। यदि उनका परीक्षण और सुझाव दिया जाए तो वे सुधार के लिए मूल्यवान होंगे।

मनोज डोले
दिनांक 9/1/2019

पावती (स्वीकृति)

21वीं सदी में औद्योगिक क्षेत्र में तेजी से बढ़ती मांग के अनुरूप बहु-कुशल कारीगरों की आपूर्ति के लिए व्यावसायिक शिक्षा और प्रशिक्षण विभाग के माध्यम से व्यावसायिक शिक्षा और प्रशिक्षण विभाग के माध्यम से व्यावसायिक शिक्षा और प्रशिक्षण प्रदान किया जाता है। संस्थानों के भीतर सभी व्यवसाय महत्वपूर्ण हैं, क्योंकि इन व्यवसायों के प्रशिक्षु उद्योग की मांगों के अनुसार बहु-कौशल विकसित करते हैं।

सभी व्यवसायों के लिए उपयुक्त एमसीक्यू ई-पुस्तकें उपलब्ध कराने के नेक इरादे से, यह देखते हुए कि औद्योगिक क्षेत्र के सभी उद्योगों में सभी परीक्षाएं ऑनलाइन आयोजित की जाती हैं और इसमें एमसीक्यू पद्धति के प्रश्न शामिल होते हैं। श्री मनोज मधुकर डोले ने नए वार्षिक पाठ्यक्रम के अनुसार एमसीक्यू पद्धति पर एक बहुत अच्छी ई-बुक लिखी है। यह ई-पुस्तक निश्चित रूप से सभी प्रशिक्षुओं, प्रशिक्षु उम्मीदवारों, प्रशिक्षण प्रशिक्षकों और अन्य संबंधितों के लिए एक मार्गदर्शक होगी।

पुस्तक के लेखक श्री मनोज मधुकर डोले, इंस्ट्रक्टर गॉव आईटीआई सतारा को 17 साल का प्रशिक्षण अनुभव है। एक नए वार्षिक पैटर्न के रूप में लिखी गई, यह ई-बुक प्रत्येक विषय के लिए लेआउट, सरल भाषा और सरल सिंटैक्स, आरेख और वीडियो को समझने के लिए आधुनिक डिजिटल क्यूआर कोड तकनीक को शामिल करती है। इसलिए मुझे विश्वास है कि यह ई-पुस्तक निश्चित रूप से गहन अध्ययन और परीक्षा अभ्यास के लिए उपयोगी होगी। उन्होंने जो कार्य किया है वह निश्चित रूप से काबिले तारीफ है।

श्री तुकाराम मिसाल
प्राचार्य शासकीय औद्योगिक प्रशिक्षण संस्था सातारा.

आमुख

हमारे औद्योगिक प्रशिक्षण संस्थानों की औद्योगिक प्रशिक्षण और सैद्धांतिक परीक्षा प्रणाली और इन परिवर्तनों को शिल्प प्रशिक्षकों और प्रशिक्षुओं द्वारा स्वीकार किया गया है। आपके औद्योगिक प्रशिक्षण संस्थानों में आयोजित सैद्धांतिक परीक्षाएं भी ऑनलाइन आयोजित की जाती हैं। चूंकि ये परीक्षाएं बहुविकल्पीय एमसीक्यू पद्धति की हैं, इसलिए प्रशिक्षुओं को ऐसे प्रश्नों का अधिक अभ्यास करने की आवश्यकता होगी।

इन सब बातों को ध्यान में रखते हुए श्री मनोज मधुकर, निदेशक, डोले क्राफ्ट्स, कटारी औद्योगिक प्रशिक्षण संस्थान, सतारा, ने नई वार्षिक प्रणाली और NSQF-5 के अनुसार, गहन अध्ययन किया है और अपनी मेहनत से और अपनी गहरी बुद्धि को जोड़ा है। पाठ्यक्रम, कटारी और अन्य मशीन ट्रेडों की ई-बुक। -बुक) और उन्होंने प्रशिक्षण को आसान बनाने के लिए सैद्धांतिक विषयों पर मोबाइल ऐप और ब्लॉग बनाए हैं और इन सभी शैक्षिक सामग्री को विश्व प्रसिद्ध वेबसाइटों Google Play Store, Amazon और Apple Book Store पर डाउनलोड के लिए उपलब्ध कराया है। प्रिंट संस्करण बनाकर और क्यूआर कोड जैसी उन्नत तकनीकों का उपयोग करके प्रशिक्षण को आसान बना दिया गया है।

ये सभी शैक्षिक सामग्री निश्चित रूप से सभी प्रशिक्षुओं के लिए गहन अध्ययन के लिए और शिल्प प्रशिक्षकों और अन्य संबंधितों के लिए एक मार्गदर्शक होगी जो व्यावसायिक प्रशिक्षण प्रदान कर रहे हैं।

1
कारपेंटर हिंन्दी QR Code Images

Download App
Online Test Exam
ITI Books
AutoCAD CAM
JOB & Apprentice
Online Theory
Computer Course
Trading Course
CNC Course
MSCIT Course
Shopping Business
Internet Business
Web Designing
Online Services
Top Sportsmans
Indian Army
Freedom Fighters
Top Scientists
Social Reformers
Motivational Speaker
Top Richest People
Join WhatsApp Group
Join Facebook Group
Like Facebook Page
PAN / Adhar / Licence Passport

Fire extinguisher

Calliper

Hacksaw frame

Universal surface guage

Hammer

Centre punch

Bench vice

Files

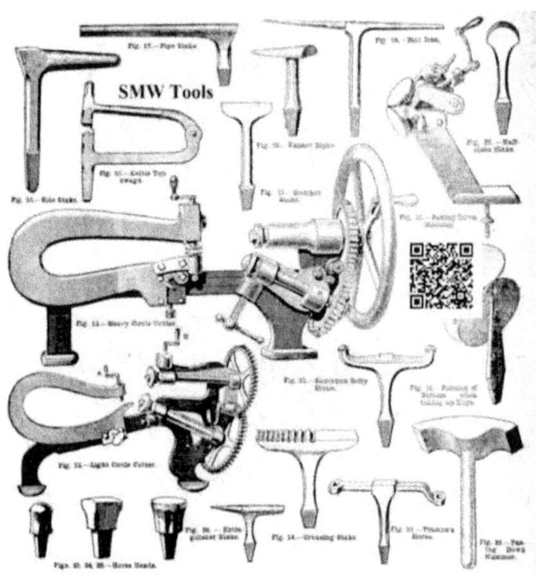
SMW Tools

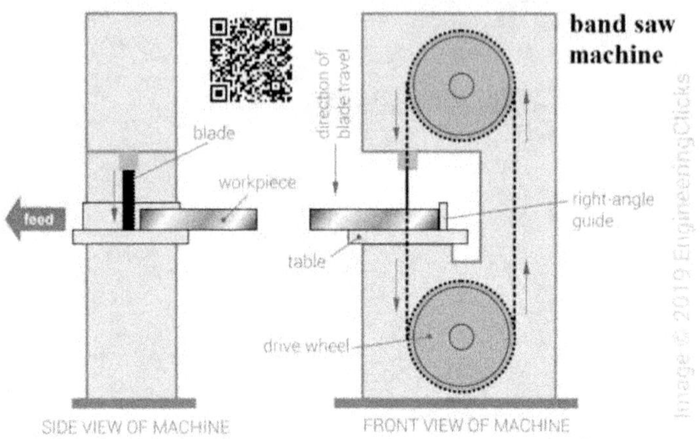
band saw
machine
blade
workpiece
feed
direction of
blade travel
right-angle
guide
table
drive wheel
SIDE VIEW OF MACHINE
FRONT VIEW OF MACHINE
Image © 2019 EngineeringClicks

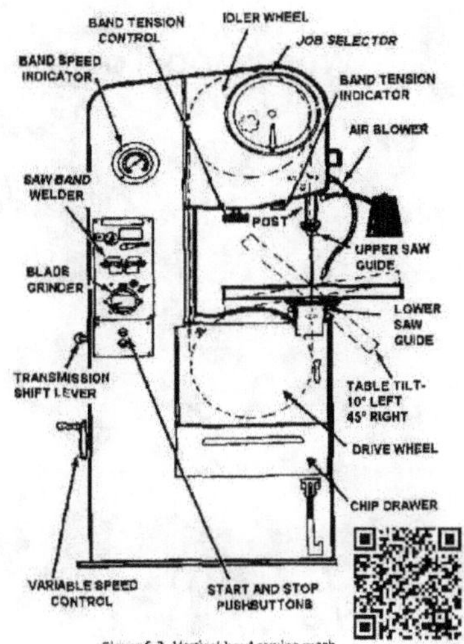

Figure 6-2. Vertical band sawing mach

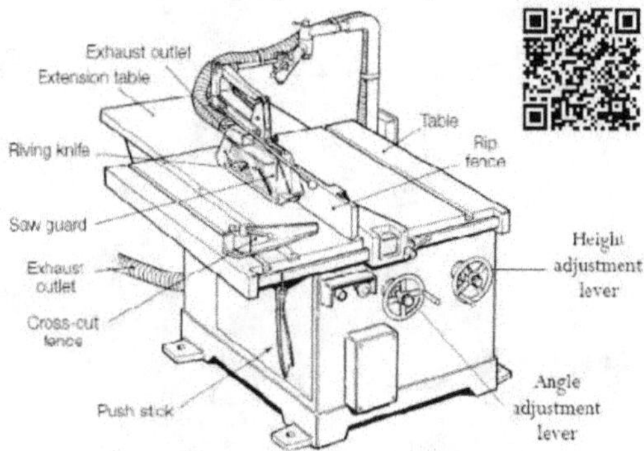

circular saw machine.

Workshop Tools
drill
pipe wrench
monkey wrench
clamp
chisel
anvil
wrench / spanner
shears
ruler
adhesive tape
measuring tape
drill bit
sandpaper
paint brush
toolbox
hacksaw
nail
saw
spirit level
awl
extension cord
hammer
screw
circular saw
screwdriver
chain saw
mallet
glue
file
pliers

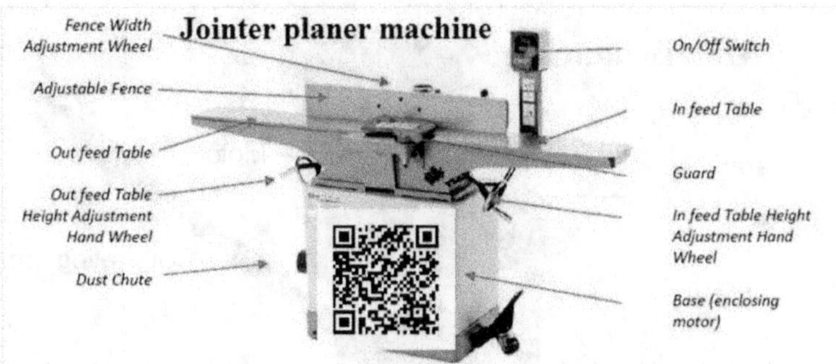

Fence Width Adjustment Wheel
Jointer planer machine
On/Off Switch
Adjustable Fence
In feed Table
Out feed Table
Guard
Out feed Table Height Adjustment Hand Wheel
In feed Table Height Adjustment Hand Wheel
Dust Chute
Base (enclosing motor)

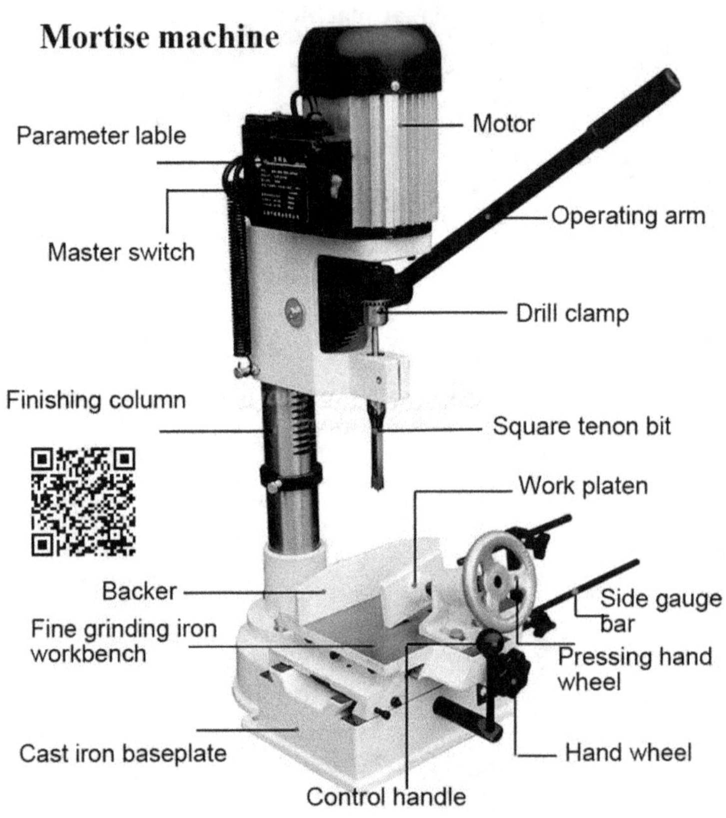

Mortise machine
Parameter lable
Motor
Master switch
Operating arm
Drill clamp
Finishing column
Square tenon bit
Work platen
Backer
Side gauge bar
Fine grinding iron workbench
Pressing hand wheel
Cast iron baseplate
Hand wheel
Control handle

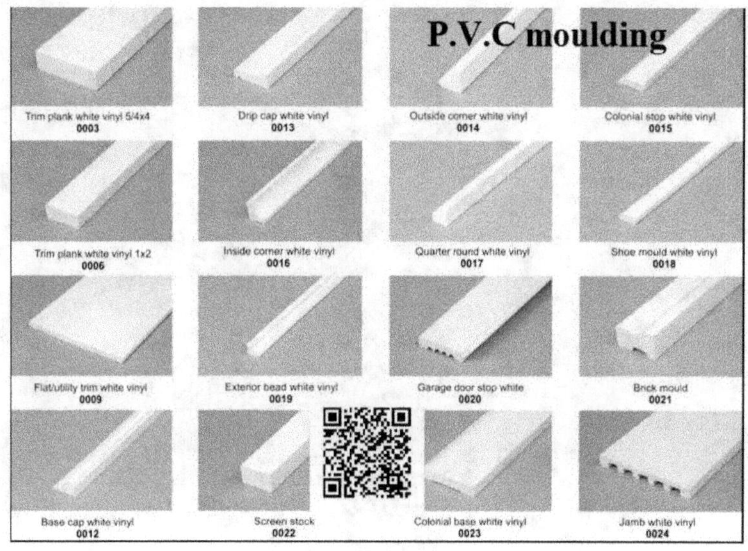
P.V.C moulding
Trim plank white vinyl 5/4x4
0003
Drip cap white vinyl
0013
Outside corner white vinyl
0014
Colonial stop white vinyl
0015
Trim plank white vinyl 1x2
0006
Inside corner white vinyl
0016
Quarter round white vinyl
0017
Shoe mould white vinyl
0018
Flat/utility trim white vinyl
0009
Exterior bead white vinyl
0019
Garage door stop white
0020
Brick mould
0021
Base cap white vinyl
0012
Screen stock
0022
Colonial base white vinyl
0023
Jamb white vinyl
0024

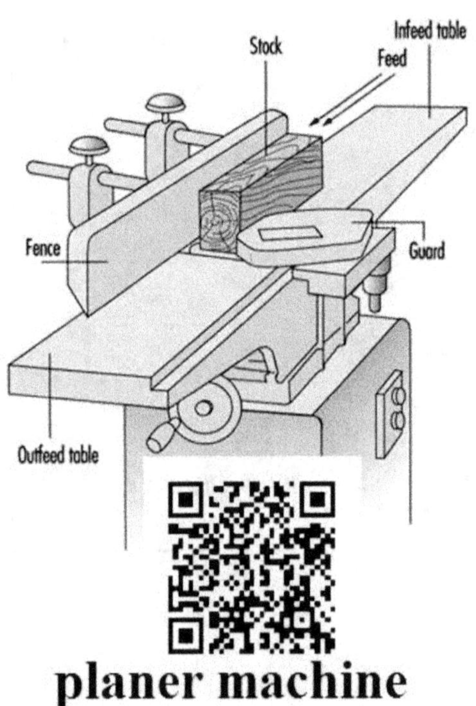

planer machine

portable circular saw machine

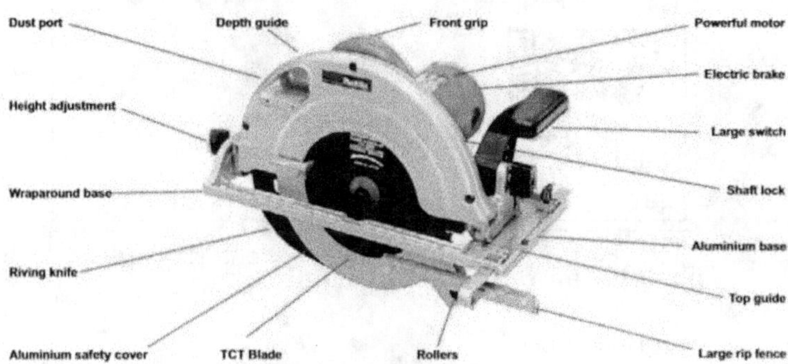

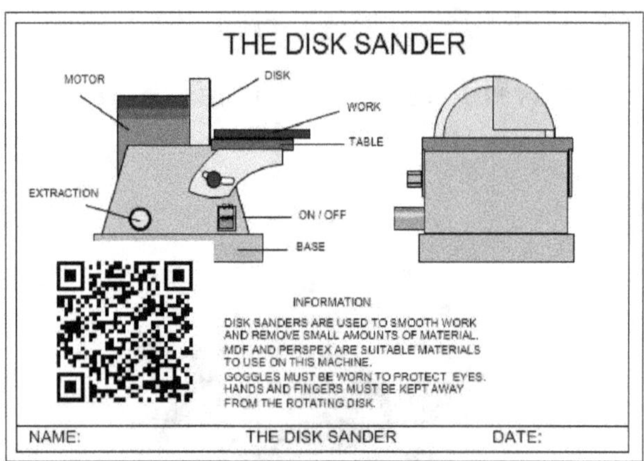

portable power planer machine

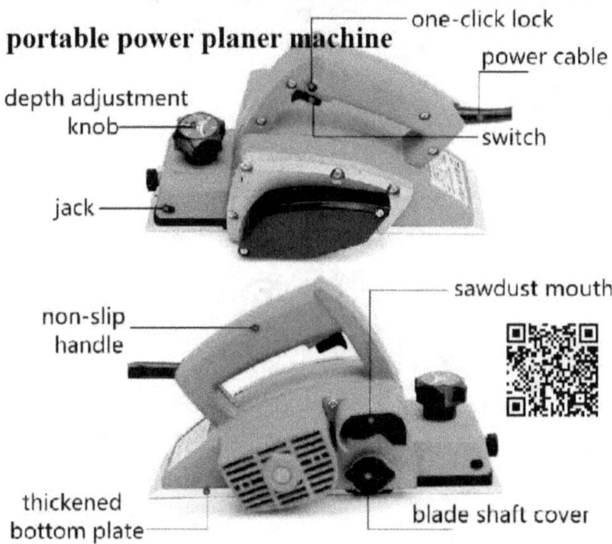

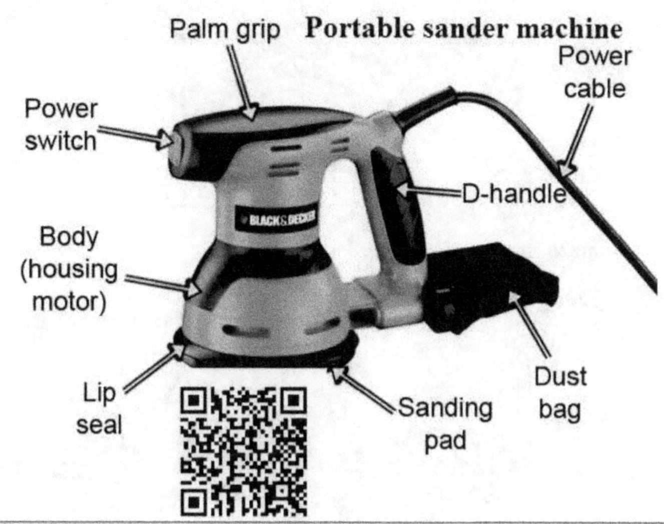
Palm grip
Portable sander machine
Power
cable
Power
switch
D-handle
Body
(housing
motor)
BLACK&DECKER
Lip
seal
Sanding
pad
Dust
bag

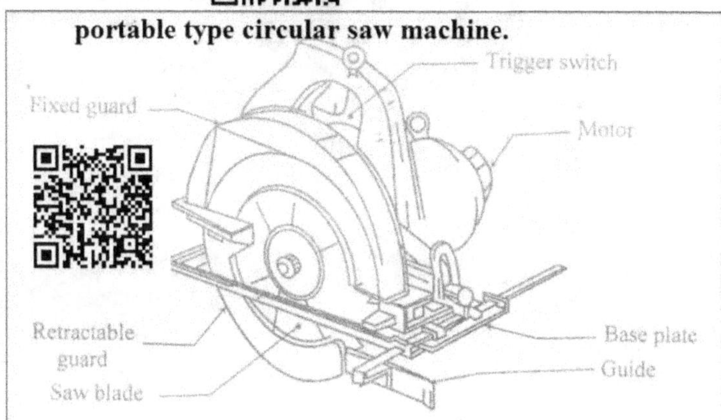
portable type circular saw machine.
Trigger switch
Fixed guard
Motor
Retractable
guard
Base plate
Guide
Saw blade

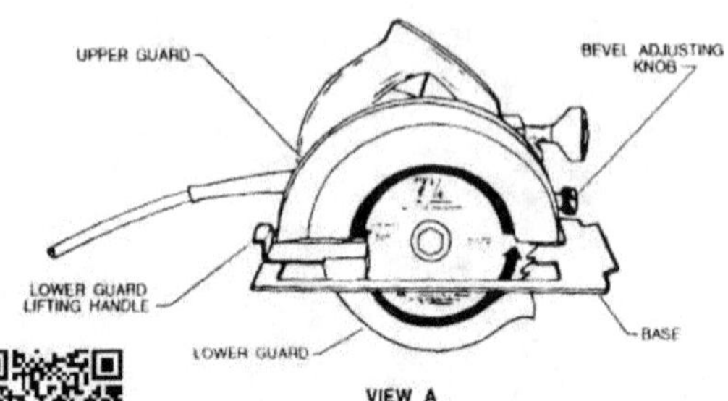

portable type circular saw machine.

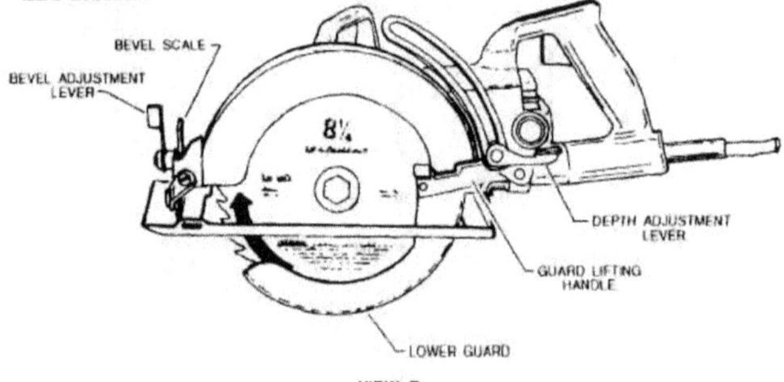

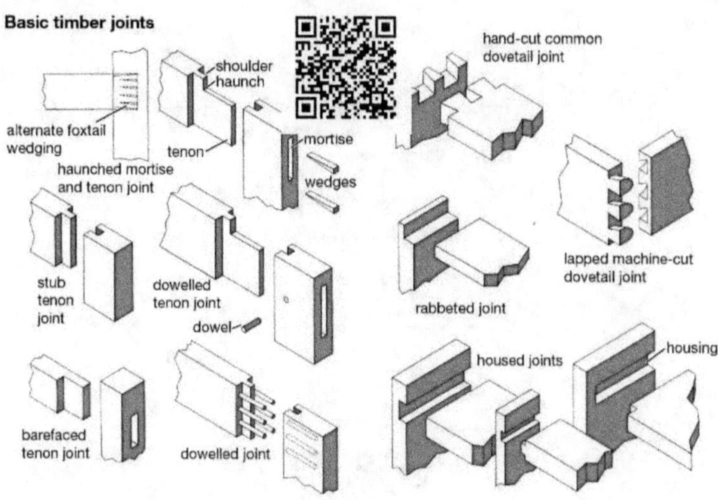
Basic timber joints
alternate foxtail wedging
haunched mortise and tenon joint
shoulder
haunch
tenon
mortise
wedges
hand-cut common dovetail joint
stub tenon joint
dowelled tenon joint
dowel
rabbeted joint
lapped machine-cut dovetail joint
barefaced tenon joint
dowelled joint
housed joints
housing

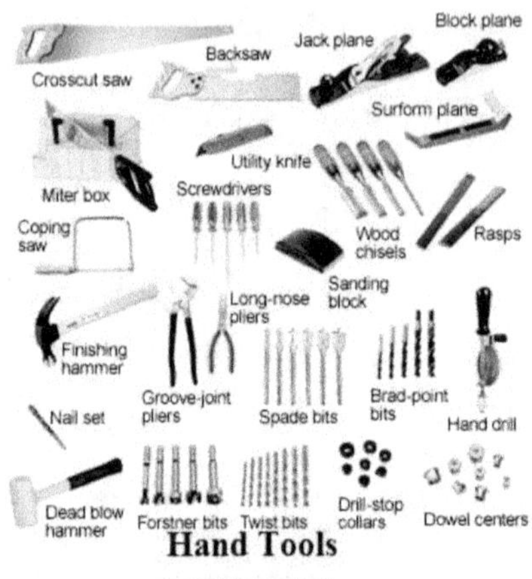

Hand Tools

Window shutter

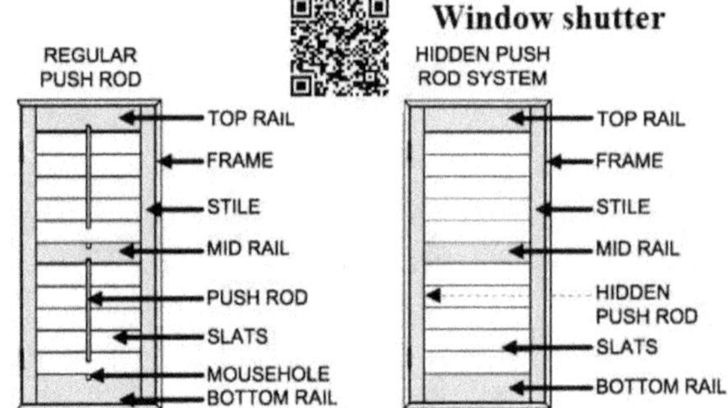

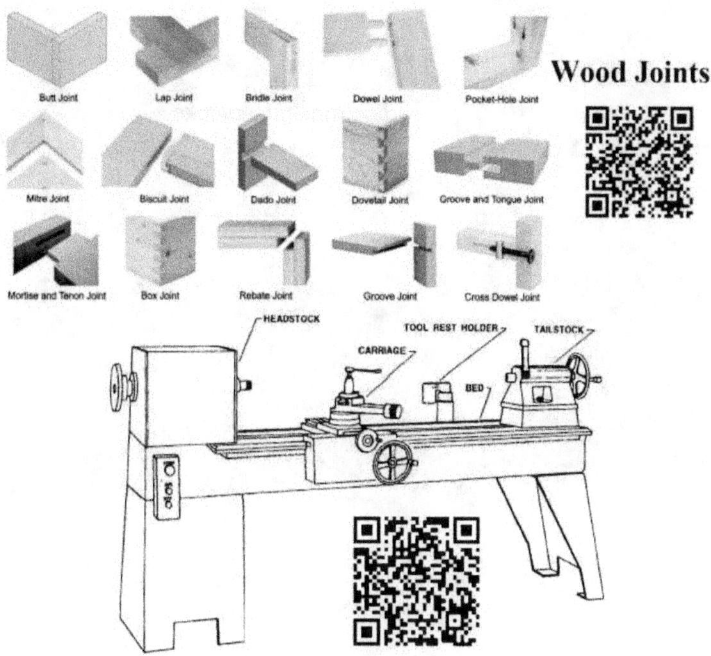

Wood Turning Lathe

कारपेंटर हिंन्दी Mcq

कौन सी वर्कशॉप सेफ्टी है?

<u>ए] दुकानकेफर्शकोसाफऔरग्रीस, तेलयाअन्यफिसलनसामग्रीसेमुक्तरखें</u>

बी] गति बदलने से पहले मशीन बंद करो

सी] फटे या चिपके हुए औजारों का प्रयोग न करें

D] चल रही मशीन को हाथ से रोकने की कोशिश न करें

2] पर्सनल प्रोटेक्ट इक्विपमेंट (पीपीई) में हेल्मेट का उपयोग किया जाता है

<u>ए] सिरकीरक्षाकरें</u>

बी] आंखों की रक्षा करें

सी] हाथों की रक्षा करें

डी] कानों की रक्षा करें

3] निम्नलिखित में से कौन सामान्य सुरक्षा से संबंधित है?

A एक कार्यकर्ता को अच्छे व्यवहार में रखें

बी] काम साफ और स्पष्ट

सी] अपने काम पर ध्यान लगाओ

<u>डी] फर्शऔरगैंगवेकोसाफऔरसाफरखें</u>

4] पीसते समय आंखों की सुरक्षा के लिए किसका प्रयोग किया जाता है?

ए] गहरा हरा कांच

बी] मुखौटा

सी] धूप का चश्मा

<u>डी] सुरक्षाचश्मा</u>

5] मशीन सुरक्षा के लिए निम्नलिखित में से क्या किया जाता है?

<u>ए] मशीनशुरूकरनेसेपहलेतेलकेस्तरकीजांचकरें</u>

बी] चीजों को व्यवस्थित तरीके से करें

सी] फर्श और गैंगवे को साफ और साफ रखें

डी] डाई और स्कार्फ का प्रयोग न करें

6] पर्सनल प्रोटेक्ट इक्विपमेंट (पीपीई), 'स्लीव्स' का इस्तेमाल ---------- की सुरक्षा के लिए किया जाता है

एक चेहरा

बी] आंखें

सी] कान

<u>डी] हाथ</u>

7] एबीसी का मतलब --------------

ए] स्वचालित श्वास नियंत्रण

बी] स्वचालित रक्त नियंत्रण

सी] वायुमार्गश्वासपरिसंचरण

डी] स्वचालित रक्त परिसंचरण

8] आग और आग बुझाने वाले

fire extingusher

Fire Extingusher

अग्निशामक: आग

9] "क्लास बी" की आग को बुझाने के लिए किस प्रकार के अग्निशामक यंत्र का उपयोग किया जाता है ....

ए] शुष्कशक्ति

बी] कार्बन डाइऑक्साइड

सी] पानी की जेट

डी] फोम प्रकार

10] सामान्य आग को बुझाने के लिए किस प्रकार के अग्निशामक यंत्र का उपयोग किया जाता है?

ए] जलप्रकारबुझानेवाला

बी] फोम प्रकार बुझाने वाला

सी] शुष्क रासायनिक पाउडर एक्सटिंगुइशर

डी] कार्बन डाइऑक्साइड (C02] बुझाने वाला)

11] खून बहने की स्थिति में उपचार करें

डी] ठंडा 3" और आराम

ए] ठंडेपानीकाछिडकावकरें

बी] तुरंत पट्टी -----।

बी] दुर्घटना विचार उपचार के बारे में पूछताछ

workshop
safety safety

12] दुर्घटना की स्थिति में पीड़ित को

ए] आराम करने के लिए कहा

सी] तुरंतभागलिया

डी] उसे छोड़ दो

13] प्राथमिक उपचार किसी घायल या बीमार व्यक्ति को प्राथमिक रूप से दिया जाता है....

ए] जीवन बचाओ

बी] मफ की और गिरावट को रोकें

सी] सर्वोत्तम संभव आराम दें

डी] येसभी

14] बेकार कागज को अलग करने के लिए डिब्बे का रंग कोड है -----

ए] नीलारंग

बी] पीला रंग

सी] लाल रंग

डी] हरा रंग

15] जापानी में Seiko का अर्थ --------------- होता है

ए] शाइन

बी] क्रमबद्ध करें

सी] मानकीकरण

डी] सस्टेनेबल

16] एसएस प्रणाली का लाभ है ------

ए] उत्पादकता में वृद्धि

बी] गुणवत्ता में वृद्धि

सी] समय की बर्बादी में कमी

डी] येसभी

17] सुरक्षा है -----------

ए] किसी का व्यवसाय नहीं

बी] हरबॉडीबिजनेस

सी] कुछ निकायों का व्यवसाय

डी] संगठन व्यवसाय

18] सुरक्षा चिन्हों की बुनियादी श्रेणियों के लिए उपलब्ध हैं "निषेध" चिन्ह का अर्थ

ए] दिखाताहैकियहनहींकियाजानाचाहिए

बी] दिखाता है कि क्या किया जाना चाहिए

सी] खतरे या खतरे की चेतावनी देता है

डी] सुरक्षा प्रावधान की जानकारी देता है

18] एक माइक्रोमीटर (U) बराबर होता है...

ए] 0.1 मिमी

बी] 0.01 मिमी

सी] 0.001 मिमी

डी] 0.0001 मिमी

19] एक स्लॉट की चौड़ाई मापने के लिए कैलीपर है...

ए] अजीब पैर कैलिपर

बी] बाहरी कैलिपर

सी] जेनी कैलिपर

डी] कैलिपरकेअंदर

caliper   hand tools

कैलिपर

20] डिवाइडर का आकार ----------- द्वारा निर्दिष्ट किया जाता है

ए] पैरों की कुल लंबाई

बी] पूरी तरह से खुलने पर बिंदुओं के बीच की दूरी

सी] बिना बिंदुओं के पैरों की लंबाई

डी] धुरीऔरबिंदुकेबीचकीदूरी

21] डेटम किनारे के समानांतर समानांतर रेखाओं को चिह्नित करने के लिए इस्तेमाल किया जाने वाला उपकरण है -

ए] जेनीकैलिपर

बी] डिवाइडर

सी] बाहरी कैलिपर

डी] कैलिपर के अंदर

22] निम्नलिखित में से कौन सा एक अप्रत्यक्ष माप उपकरण है?

ए] बाहरीकैलिपर

बी] वर्नियर कैलिपर

सी] स्टील नियम

डी] बाहरी माइक्रोमीटर

23] पतली टयूबिंग काटने के लिए, हैक्सॉ ब्लेड की सबसे उपयुक्त पिच है...

ए] 1.8 मिमी

बी] 1.4 मिमी

सी] 1 मिमी

डी] 0.8 मिमी

24] ठोस पीतल काटने के लिए, हैक्सॉ ब्लेड की सबसे उपयुक्त पिच है...

ए] 1.8 मिमी

बी] 1.4 मिमी

सी] 1 मिमी

डी] 0.8 मिमी

hacksaw   Hacksaw Frame Blade

हक्सॉ फ्रेम

25] एक नया हैक्सॉ ब्लेड कुछ स्ट्रोक के बाद ढीला हो जाता है क्योंकि...

ए] ब्लेडकाखिंचाव

बी] विंग-अखरोट के धागे खराब हो रहे हैं

सी] ब्लेड की गलत पिच

डी] आरी के सेट का अनुचित चयन।

26] छोटे व्यास के पाइपों को काटते समय नियमित रूप से देखने और यह सुनिश्चित करने की सलाह दी जाती है कि...

ए] कैट घुमावदार रेखा के साथ है

बी] अधिकदेखादांतअनुबंधमेंहैं

सी] काम ज़्यादा गरम नहीं है

डी] हैकसॉ का उचित संतुलन बनाए रखा जाता है

27] वाइस क्लैम्प का उपयोग किया जाता है ...

ए] कठोर जबड़े की रक्षा करें

बी] काम के टुकड़ों को सख्ती से जकड़ें

सी] <u>तैयारसतहोंकीरक्षाकरें</u>

डी] जंगम जबड़े को दाखिल होने से रोकें

28] अंकन के दौरान संदर्भ सतह द्वारा प्रदान की जाती है ...

ए] भूतल गेज

बी] वर्कपीस

सी] काम का चित्रण

डी] <u>तालिकाकीसतहकोचिह्नितकरना</u>

29] एक इंजीनियर के वाइस का आकार किसके द्वारा निर्दिष्ट किया जाता है...

ए] जंगम जबड़े की लंबाई

बी] <u>जबड़ेकीचौड़ाई</u>

सी] वाइस की ऊंचाई

D] जबड़ों का अधिकतम खुलना

30] यूनिवर्सल सरफेस गेज का वह भाग जो एक डेटम एज के साथ समानांतर रेखा खींचने में मदद करता है, वह है ..

ए] रॉकर आर्म

बी] सुखद

सी] ठीक समायोजन पेंच

डी] <u>गाइडपिन</u>

universal surface
gauge

Surface Gauge

यूनिवर्सल सरफेस गेज

31] स्क्राइबर किससे बने होते हैं...

ए] माइल्ड स्टील

बी] <u>उच्चकार्बनस्टील</u>

सी] पीतल

डी] कच्चा लोहा

32] हथौड़े के हैंडल को ठीक करने के लिए इस्तेमाल किया जाने वाला हिस्सा है...

एक चेहरा

बी] पीन

सी] गाल

डी] <u>आँखकाछेद</u>

33] अंकन के उद्देश्य के लिए हथौड़े का वजन है...

ए] <u>250g</u>

बी] 500g

सी] 1 किलो

डी] 2 किग्रा

hammer   Hammers

हथौड़ा

34] डिवाइडर का आकार किसके द्वारा निर्दिष्ट किया जाता है...

ए] पैरों की कुल लंबाई

बी] पूरी तरह से खुलने पर बिंदुओं के बीच की दूरी

सी] बिंदुओं के बिना पैरों की लंबाई

डी] <u>धुरीऔरबिंदुकेबीचकीदूरी</u>

35] 'वी' ब्लॉक के खांचे का सम्मिलित कोण हमेशा होता है....

ए] 45॰

बी] 60॰

सी] 90॰

डी] <u>120॰</u>

36] 'वी' ब्लॉक ग्रेड में उपलब्ध हैं ...

ए] <u>एऔरबी</u>

बी] ए, बी और सी

सी] 1,2 और 3

डी] 1 और 2

37] ग्रेड 'बी' के 'वी' ब्लॉक के बने होते हैं

ए] <u>कच्चालोहा</u>

बी] हल्के स्टील

सी] स्टील

डी] कास्ट स्टील

38] केंद्र का पता लगाने के लिए इस्तेमाल किए जाने वाले पंच का नाम बताइए।

A] प्रिक पंच 30°

B] प्रिक पंच 60°

<u>सी] केंद्रपंच</u>

डी] डॉट पंच

Centre punch 1   Punches

केंद्र पंच

39] सेंटर पंच का पॉइंट एंगल -------- होता है

ए] 30 डिग्री

बी] 50 डिग्री

<u>सी] 900</u>

डी] 1200

40] पंचों का उपयोग किसी भी आकार के ---------- बनाने के लिए किया जाता है

ए] <u>छेद</u>

बी] खनन

सी] नूरलिंग

सपना देखना

41] आम तौर पर वाइस के हैंडल की लंबाई ----------- होती है

ए] वाइस के सामान्य आकार का 1.5 गुना

बी] वाइसकेसामान्यआकारका 2.5 गुना

सी] वाइस के सामान्य आकार का 3.5 गुना

डी] वाइस के सामान्य आकार का 4.5 गुना

bench vice · Bench Vice

बेंच वाइस

42] बेंच वाइस स्पिंडल .... का बना होता है।

ए] माइल्डस्टील

बी] कच्चा लोहा

सी] टूल स्टील

डी] कांस्य

43] फाइलों की उत्तलता मदद करती है...

ए] अवतल सतहों को फाइल करने के लिए

बी] उत्तल सतहों को फाइल करने के लिए

सी] कामकेकिनारोंकोगोलकरनेसेरोकनेकेलिए

D] दबाव डालने पर फाइल सीधी हो जाती है

files 1 · Files

फ़ाइलें

44] लकड़ी, चमड़ा और अन्य नरम सामग्री भरने के लिए किस फाइल का उपयोग किया जाता है? .

ए] सिंगल कट फाइल

बी] डबल कट फ़ाइल

सी] रास्पकटफ़ाइल

डी] घुमावदार कट फ़ाइल

45] प्रयुक्त फाइल का प्रयोग ------------ के लिए किया जाता है

ए] काम के टुकड़े की सफाई

सी] फ़ाइल दांतों का नवीनीकरण

बी] फाइलदांतोंकीसफाई

डी] चिप्स की सफाई

46] फाइल कार्ड का उपयोग -------- के लिए किया जाता है

ए] काम के टुकड़े को साफ करें

सी] फ़ाइल दांत नवीनीकृत करें

बी] फाइलदांतसाफकरें

47] स्क्राइबर का बिंदु कोण ----------- है

ए] 30 डिग्री

बी] 60 डिग्री

सी] 5° से 10°

डी] 12° से 15°

48] कच्चा लोहा काटने के लिए काटने का कोण है...

ए] 37.5०

बी] 55०

सी] 60०

डी] 90०

chisel   hand tools

49] छेनी सामग्री में खोदेगी जब...

ए] रेक कोण अधिक है

बी] निकासी कोण बहुत कम है

सी] झुकावकाकोणअधिकहै

डी] झुकाव का कोण बहुत कम है

50] अत्याधुनिक को थोड़ा उत्तलता दी जाती है...

ए] घुमावदार सतहों को काटें

बी] तेज कोनों को काटें

सी] सिरोंकीखुदाईरोकें

डी] स्नेहक को प्रवेश करने दें

51] सरफेस प्लेट्स किससे बनी होती हैं...

ए] उच्च ग्रेड कास्ट स्टील

बी] महीनदानेवालाकच्चालोहा

सी] मिश्र धातु स्टील्स

डी] गढ़ा लोहा

Surface plates   hand tools

52] सतह की प्लेटें उनकी लंबाई और चौड़ाई से निर्दिष्ट होती हैं और में होती हैं

ए] डेसीमीटर

बी] घन मीटर

सी] बेलनाकार

53] एंगल प्लेट के बिना मशीनी हिस्से पर पसलियों को दिया जाता है...

ए] आसान हैंडलिंग

बी] निर्माण में सुविधा

सी] मशीनों पर सेट करते समय क्लैंपिंग

डी] कठोरताऔरविरूपणकोरोकनेकेलिए

54] एंगल प्लेट पर स्लॉट किसके लिए दिए गए हैं...

ए] वजन कम करना

बी] काम को संरेखित करना

सी] हुक का उपयोग करके उठाना

डी] समायोजितबोल्ट।

55] कोण प्लेटों के आकार द्वारा कहा गया है...

भार

बी] लंबाई

सी] लंबाई x चौड़ाई

डी] <u>आकारसंख्या</u>

Q1) पेड़ के पहले बने गोल काले भाग को .... कहते हैं

एक अंगूठी

बी) पिथो

सी) बार्क

डी) कोर्टेक्स

Q 2) निम्नलिखित में से कौन सफेद चींटियों के हमले का विरोध कर सकता है?

ए) देवदार

बी) सागौन

सी) चिरो

डी) कैली

Q 3) एक स्विच बॉक्स के लिए वॉलबोर्ड में एक उद्घाटन काटने के लिए कौन सा आरी सबसे अच्छा विकल्प होगा?

ए) कुंजी छेद देखा

बी) मुकाबला देखा

सी) हक्सॉ

डी) पीछे देखा

Q 4) बैंड आरा मशीन के उस भाग का नाम बताइए जो वर्क पीस को सहारा देने के लिए पहियों के बीच दिया गया है।

मेज़

बी) आर्म

सी) गाइड पोस्ट

डी) कॉलम

प्रश्न 5) जब एक पेड़ बढ़ता है, तो उसकी कई शाखाएँ गिर जाती हैं और इन शाखाओं के तने को तने में ढक दिया जाता है। में

लकड़ी के आरी के टुकड़े गिरी हुई शाखाओं का ठूंठ .... के रूप में दिखाई देते हैं

एक धब्बा

बी) गाँठ

सी) रिज

डी) कील

Q 6) नीचे दी गई आकृति में, कौन सा जोड़ जोड़ है?

ए) संयुक्त ए

बी) संयुक्त बी

सी) संयुक्त सी

डी) संयुक्त डी

Q 7) नीचे दी गई आकृति में जो दिखाया गया है उसे पहचानें।

ए) पिन

बी) पसलियों

सी) डॉवेल्स

डी) कुंजी

Q 8) इनमें से कौन सा जोड़ इतना कमजोर है कि छत बनाते समय इसे स्टील प्लेट या ब्रैकेट से मजबूत करना पड़ता है

पुलिंदा?

ए) डोवेटेल संयुक्त

बी) लगाम संयुक्त

सी) बट संयुक्त

डी) मोर्टिज़ और टेनन संयुक्त

Q 9) एक धागे पर दिए गए बिंदु से अगले धागे पर संबंधित बिंदु तक की दूरी .... कहलाती है

ए) हेलिक्स

बी) लीड

सी) पिच

डी) फ्लैट

Q 10) किस प्रकार का ताला दरवाजे से स्थायी रूप से नहीं जुड़ा होता है?

ए) पैड लॉक

बी) नॉब लॉक

सी) डेडबोल्ट

डी) कैमलॉक

Q 11) बैंड आरा पर क्लिक करने वाला शोर इंगित करता है ....

ए) एक टूटा हुआ व्हील गार्ड

बी) ब्लेड में एक दरार

सी) विद्युत शक्ति ट्रिपिंग

डी) कुछ भी गलत नहीं

Q 12) नीचे दी गई आकृति में किस प्रकार का काज दिखाया गया है?

ए) बट काज

बी) काज को हटा दें

सी) फ्लश काज

डी) सुरक्षा बट काज

Q 13) एक टेबलसॉ का आकार .... द्वारा निर्धारित किया जाता है।

ए) टेबल की ऊंचाई

बी) शाफ्ट व्यास

सी) ब्लेड व्यास

डी) ब्लेड की चौड़ाई

Q 14) नीचे दी गई आकृति में दिखाए गए बॉक्स को .... कहा जाता है।

ए) बढ़ई का बॉक्स

बी) आकार देने वाला बॉक्स

सी) स्लीटिंग बॉक्स

डी) मेटर बॉक्स

Q 15) लकड़ी के चौकोरपन का परीक्षण करने के लिए किस उपकरण का प्रयोग किया जाता है?

एक शासक

बी) फ्रेमिंग स्क्वायर

सी) स्क्वायर का प्रयास करें

डी) संयोजन वर्ग

Q16) नाखून निकालने के लिए किसका प्रयोग किया जाता है?

ए) बॉल पीन हैमर

बी) पंजा हथौड़ा

सी) मैलेट

डी) स्लेज हैमर

Q 17) चित्र में एक लकड़ी के टुकड़े को एक वाइस में रखा हुआ दिखाया गया है। विमान का उपयोग करते समय उसे किस दिशा में चलना चाहिए?

ए) बाएं से दाएं

बी) दाएं से बाएं

सी) किसी भी दिशा में

डी) आंदोलन की दिशा महत्वपूर्ण नहीं है

Q 18) लकड़ी के वर्कपीस में बारीक कट बनाने के लिए किस उपकरण का उपयोग किया जाता है?

ए) हाथ देखा

बी) लकड़ी की आरी

सी) टेनन देखा

डी) चीर देखा

Q 19) नीचे दिए गए चित्र में दिखाए गए टूल के संबंध में कौन सा कथन सत्य नहीं है?

ए) इसे ब्रेस कहा जाता है

बी) यह बरमा बिट्स के साथ प्रयोग किया जाता है

C) इसका उपयोग छोटे व्यास के छेदों की ड्रिलिंग के लिए किया जाता है

डी) यह ड्रिल बिट पर बहुत अधिक बल लगाने की अनुमति देता है

Q 20) ताजी कटी हुई लकड़ी जिसे सुखाया नहीं गया है, ... कहलाती है।

ए) कच्ची लकड़ी

बी) ताजा लकड़ी

सी) हरी लकड़ी

डी) बेस लम्बर

Q 21) ग्लूइंग, जॉइनिंग और असेंबली के दौरान उन्हें क्रम में रखने के लिए बोर्ड या टुकड़ों पर लगाए गए निशान कहलाते हैं ....

ए) विधानसभा के निशान

बी) गवाह के निशान

सी) दृश्यमान निशान

डी) सीमित अंक

Q 22) रेलिंग को सहारा देने वाली सीढ़ी के ऊपर या नीचे की पोस्ट (नीचे दी गई आकृति) को .... कहा जाता है।

ए) नेवेली

बी) मंटिन

सी) ओगी

डी) मोल्ड

Q 23) आरा ब्लेड पर दांतों के अग्रणी किनारे को जिस कोण पर काटा जाता है, उसे कहते हैं

एक चेहरा

बी) रेक

सी) कोण काटना

डी) निकासी कोण

Q 24) अग्नि निकास में किस प्रकार के दरवाजे का उपयोग किया जाता है ....

ए) डबल एक्शन डोर

बी) पैनिक बार के साथ पैनल का दरवाजा

सी) पैनल दरवाजा

डी) परिक्रामी दरवाजा

Q 25) स्लाइडिंग डोर का नुकसान कैबिनेट ओपनिंग का .... उपलब्ध है।

ए) डेढ़

बी) एक तिहाई

सी) एक चौथाई

डी) एक-पांचवां

Q 26) एक चौखट के सबसे ऊपरी सदस्य को .... कहा जाता है।

ए) डोर हेड

बी) दरवाजा रोलर

सी) दरवाजा करीब

डी) दरवाजा जाम

Q 27) वह सदस्य जो एक ढलान वाली छत के सामान्य राफ्ट को सहारा देने के लिए क्षैतिज रूप से रखा जाता है, वह .... है।

ए) पर्लिन

बी) क्लीट

सी) बैटन

डी) स्ट्रट

Q 28) इनमें से कौन एक प्रकार का ट्रस नहीं है?

ए) किंग पोस्ट ट्रस

बी) रानी पोस्ट ट्रस

सी) प्रिंस पोस्ट ट्रस

डी) प्रैट ट्रस

Q 29) एक पेड़ की बाहरी सुरक्षात्मक परत को .... कहा जाता है।

ए) बार्को

बी) बस्ती

सी) कैम्बियम

डी) सैप लकड़ी

Q 30) एक ट्रस के वृद्धि और स्पैन के अनुपात को .... कहा जाता है।

पैमाना

बी) लीड

सी) चोटी

डी) पिच

Q 31) लकड़ी को तराशने के लिए उपयोग किए जाने वाले हैंडल के लंबवत ब्लेड वाले कुल्हाड़ी के समान उपकरण को कहा जाता है ....

ए) अव्लो

बी) Adze

सी) खुरचनी

डी) गौज

प्र 32) जब आप छेनी का उपयोग करते हैं, तो यह महत्वपूर्ण है कि आप ....

ए) दोनों हाथों को हर समय पीछे रखें

बी) अगर छेनी कुंद है तो जोर से मारो

सी) यदि संभव हो तो अनाज में छेनी

डी) हर समय सबसे बड़ी संभव छेनी का प्रयोग करें

Q 33) कौन सा उपकरण मोल्डिंग, ट्रिम किनारों, फॉर्म रिसेस और कट ग्रूव्स का उत्पादन कर सकता है?

ए) जैक प्लेन

बी) बेल्ट सैंडर

सी) पारस्परिक आरा

डी) राउटर

Q 34) एक योजक एक उपकरण है जिसे .... के लिए डिज़ाइन किया गया है

ए) कट माइटर्स

बी) गोंद लागू करें

सी) समतल सतह

डी) संकीर्ण स्टॉक रिप करें

Q 35) यह एक चाकू है जिसके दो हैंडल के बीच ब्लेड होता है। हैंडल ब्लेड के समकोण पर हैं। इसका उपयोग के लिए किया जाता है

स्टॉक के ऊपर ब्लेड खींचकर सतह को चिकना करें। उपकरण का नाम बताइए।

ए) पुलनाइफ

बी) ड्रानाइफ

सी) समकोण चाकू

डी) ब्रिज चाकू

Q 36) एक हेक्सागोनल रिंच को .... के रूप में भी जाना जाता है।

ए) एलन रिंच

बी) स्टिलसन रिंच

सी) सॉकेट रिंच

डी) शाफ़्ट रिंच

Q 37) नीचे दिया गया चित्र दो प्रकार के .... को दर्शाता है।

ए) कैस्टर

बी) कैम्बर्स

सी) रोलर्स

डी) पहियों को खींचें

Q 38) एक ही कोण पर कई बोर्डों के सिरों को काटने का बेहतर तरीका है ....

ए) मेटर बॉक्स

बी) चांदा

सी) संयोजन वर्ग

डी) संयोजन बेवल

प्र 39) आपके पास लकड़ी का एक छोटा खंड है जिसे आप गोल करना चाहते हैं। इस कार्य के लिए उपयुक्त फाइल का नाम बताइए।

ए) सिंगल कट

बी) डबल कट

सी) घुमावदार कट

डी) रास्प कट

Q 40) धातु को चिकना करने और जंग हटाने के लिए इस्तेमाल किया जाने वाला काला सैंडपेपर ....

ए) एमरी

बी) एल्यूमिनियम ऑक्साइड

सी) सिलिकॉन कार्बाइड

डी) झांवा

Q 41) इनमें से कौन लकड़ी के काम में इस्तेमाल होने वाला अपघर्षक खनिज नहीं है?

ए) गार्नेट

बी) सिरेमिक

सी) सिलिकॉन कार्बाइड

डी) कैल्शियम कार्बाइड

Q 42) खराद पर लकड़ी को घुमाने से पहले, सुनिश्चित कर लें कि यह ....

ए) दृढ़ लकड़ी

बी) आरा धूल से मुक्त

सी) दोषों से मुक्त

डी) सॉफ्टवुड

प्र 43) सैंडिंग या पॉलिशिंग से पहले वुड टर्निंग लेथ पर आपको क्या समायोजन करना चाहिए?

ए) टूल रेस्ट को स्टॉक के करीब ले जाएं

बी) टूल रेस्ट को हटा दें

सी) कार्य क्षेत्र में प्रकाश जोड़ें

डी) दूसरा टूल रेस्ट जोड़ें

Q 44) दुकान के फर्श पर फिसलने और गिरने से रोकने में क्या मदद कर सकता है?

ए) छोटी सीढ़ी का उपयोग करना

B) चमड़े के तलवे वाले जूते पहनना

सी) फर्श को अव्यवस्था से मुक्त रखना और फैल को पोंछना

डी) फर्श पर चूरा की एक समान परत रखना

प्र 45) जब सुरक्षा नियम हॉर्सप्ले का उल्लेख करते हैं,

ए) चारों ओर बेवकूफ बनाना

बी) चीजों को इधर-उधर फेंकना

सी) दुकान के फर्श पर जानवर

घ) घोड़ों का खेल खेलना

Q 46) प्लेन का उपयोग करते समय सावधानी से समायोजन करें क्योंकि ब्लेड ....

एक कोमल

बी) बीकेबल

सी तेज

डी) महंगा

Q 47) महंगी लकड़ी की एक पतली परत सस्ते प्लाईवुड के मोटे टुकड़े से बंधी होती है जिससे कि का रूप दिया जा सके

महँगी लकड़ी लेकिन कम कीमत पर कहलाती है......

ए) कॉपसे

बी) लिबास

सी) टिकट

डी) लकड़ी

Q 48) एक तरल पदार्थ जो सूखकर एक कठोर चमकदार लेप में बदल जाता है ....

ए) मोम

बी) प्राइमर

सी) वार्निश

डी) स्टिकर

Q 49) नीचे दिए गए चित्र में दिखाए गए वुड टर्निंग लेथ में f क्या है?

ए) हेडस्टॉक

बी) लॉक नॉब

सी) टूल पोस्ट

डी) टेलस्टॉक

Q 50) जब एक खराद पर फेसिंग ऑपरेशन किया जाता है तो किस प्रकार की सतह उत्पन्न होती है?

फ्लैट

बी) टेपर

सी) बेलनाकार

डी) शंक्वाकार

प्र 51) यदि आप उन्हें गोंद करने की योजना बना रहे हैं तो आप लकड़ी के दो टुकड़ों को एक साथ रखने के लिए क्या उपयोग कर सकते हैं?

ए) हेक्स टूल

बी) बिस्किट जॉइनर

सी) सी - क्लैंप

डी) लीवर

क्यू 52) सीएनसी मशीनों में, जब आप एक नया प्रोग्राम आज़मा रहे हों तो मोड .... सहायक होता है।

ए) एमडीआई

बी) सिंगल ब्लॉक

सी) संपादित करें

डी) प्रारंभ करना

Q 53) प्लंब बॉब का उपयोग .... को सत्यापित करने के लिए किया जाता है।

ए) क्षैतिज स्तर

बी) लंबवत स्तर

सी) समानांतर स्तर

डी) सतह का स्तर

Q 54) निम्नलिखित में से कौन सा अग्निशामक विद्युत आग के लिए उपयुक्त है?

ए) शुष्क रसायन

बी) पानी

सी) फोम

डी) सोडा एसिड

Q 55) पानी का उपयोग ___________ को बुझाने के लिए किया जाता है।

ए) क्लास-ए की आग

बी) क्लास-बी की आग

सी) क्लास-सी आग

डी) ये सभी

Q 56) निम्नलिखित में से कौन सा स्ट्रेट कटिंग आरा का एक प्रकार नहीं है?

ए) धनुष देखा

बी) चीर देखा

सी) टेनन देखा

डी) डोवेटेल आरी

Q 57) बढ़ई द्वारा अनाज के साथ काटने के लिए किस उपकरण का उपयोग किया जाता है?

एक विमान

बी) छेनी

सी) चीर देखा

डी) हथौड़ा

Q 58) अन्य प्रकार की आरी की तुलना में, टेनन आरी में __________ होते हैं।

ए) प्रति इंच अधिक दांत

बी) प्रति इंच कम दांत

सी) एक ही दांत प्रति इंच

डी) इनमें से कोई नहीं

Q 59) गोलाकार आरी का क्या उपयोग है?

ए) तेजस्वी

बी) मेटर कटिंग

सी) बेवल काटना

डी) ये सभी

Q 60) कोशिश कर रहे विमान की लंबाई __________ है।

ए) 600-700 मिमी

बी) 700-800 मिमी

सी) 450-500 मिमी

डी) 800-900 मिमी

Q 61) कौन सा भाग एक पेड़ की आयु को दर्शाता है?

ए) पिथो

लाओ

सी) बार्को

डी) कोर्टेक्स

Q62) लकड़ी का वैज्ञानिक नाम क्या है?

ए) जाइलम

बी) ज़ायलास्ट्रस ऑर्बिकुलेटस

सी) पैरेन्काइमा

डी) साइकाडोफाइटा

Q 63) निम्न में से कौन नरम लकड़ी का उदाहरण है?

ए) देवदार

बी) सालो

सी) ओक

डी) महोगनी

Q 64) बाहरी सतह के सिकुड़ने के कारण लट्ठे के बाहर की दरार को _________ कहा जाता है।

ए) पवन दरार

बी) रिंग शेक

सी) परेशान

डी) वेन

Q 65) निम्नलिखित में से कौन छेनी का एक प्रकार नहीं है?

ए) गर्म छेनी

बी) बेंच छेनी

सी) बट छेनी

डी) कैबिनेट छेनी

Q 66) लकड़ी की गुणवत्ता ____________ पर निर्भर नहीं करती है।

ए) पेड़ का आकार

बी) पेड़ की परिपक्वता

सी) लकड़ी का वजन

डी) पेड़ का प्रकार

Q 67) आकृति में दिखाए गए हस्त उपकरण की पहचान करें?

ए) गिमलेट

बी) स्क्रूड्राइवर

सी) स्टार-हेड स्क्रूड्राइवर

डी) फ्लैट नाक सरौता

Q 68) आकृति में दिखाए गए हस्त उपकरण की पहचान करें?

ए) हैंड ड्रिल

बी) गिमलेट

सी) शाफ़्ट ब्रेस

डी) इलेक्ट्रिक ड्रिल

Q 69) ____________ जोड़ का उपयोग उच्च गुणवत्ता वाले फर्नीचर दराज निर्माण में किया जाता है।

ए) लैप्ड डोवेटेल

बी) खरगोश

सी) दादो

डी) लैप

Q 70) निम्नलिखित में से कौन-सा एक बॉक्स जोड़ है?

ए) संयुक्त संयुक्त

बी) टी आधा करना

सी) कॉर्नर हॉल्टिंग

डी) टेनन और मोर्टिज़

Q 71) ___________ जोड़ों को लकड़ी के दो टुकड़ों को जोड़कर एक सदस्य की लंबाई बढ़ाने के लिए लगाया जाता है।

ए) लंबा करना

बी) कोण

सी) लैप्ड

डी) चौड़ीकरण

Q 72) घनत्व की गणना _______ द्वारा की जाती है।

ए) मास वॉल्यूम

बी) वॉल्यूम मास

सी) वॉल्यूम एक्स मास

डी) वजन एक्स मोटाई

Q 73) निम्नलिखित में से कौन स्क्रू ड्राइवर का हिस्सा है?

एक ब्लेड

बी) टिप

सी) शंकु

डी) ये सभी

Q 74) आकृति में दिखाए गए हस्त उपकरण की पहचान करें?

ए) पिनसर

बी) संयोजन सरौता

सी) टोंग

डी) फ्लैट नाक सरौता

Q 75) नीचे दिए गए चित्र में कौन सी रूपांतरण विधि दिखाई गई है?

ए) स्पर्शरेखा काटने का कार्य

बी) समानांतर काटने का कार्य

सी) रेडियल काटने का कार्य

डी) क्वार्टर काटने का कार्य

Q 76) फाइबर बोर्ड को ___________ के रूप में भी जाना जाता है।

ए) दबाया लकड़ी

बी) पारित लकड़ी

सी) हल्की लकड़ी

डी) इनमें से कोई नहीं

क्यू 77) लकड़ी की रोटरी कट की एक पतली शीट, एक लॉग से कटा हुआ या आरी का उपयोग किया जाता है जिसका उपयोग एक बेहतर फेसिंग से लेकर अवर लकड़ी के रूप में किया जाता है

प्लाईवुड ___________ है।

ए) लिबास

बी) कण शीट

सी) क्रॉस बॉन्ड परत

डी) विनाइल शीट

Q 78) यह लकड़ी की पतली परतों को आपस में इस प्रकार जोड़कर बनाया जाता है कि प्रत्येक परत के दाने समकोण पर हों।

बगल की परत से। यह है___________।

ए) प्लाईवुड

बी) लकड़ी का निर्माण

सी) कॉर्क बोर्ड

डी) हार्ड बोर्ड

Q 79) प्लाईवुड में किस परत को "कोर" कहा जाता है?

ए) मध्य परत

बी) ऊपरी परत

सी) शीर्ष परत

डी) साइड लेयर

Q 80) कौन सा कथन प्लाईवुड का लाभ नहीं है?

ए) यह सिकुड़ जाएगा और आसानी से विकृत हो जाएगा

बी) यह बहुत बड़े आकार में निर्मित होता है

सी) यह वजन में हल्का है

डी) इसे आसानी से काम किया जा सकता है और आकार और डिजाइन में झुकाया जा सकता है

Q 81) बढ़ईगीरी के काम के लिए पेड़ का कौन सा हिस्सा ज्यादातर उपयोगी है?

ए) दिल की लकड़ी

बी) सैप लकड़ी

सी) बार्को

डी) रूट

Q 82) आरी की धार तेज करने के लिए किस वाइस का प्रयोग किया जाता है ?

ए) वाइस देखा

बी) बढ़ई वाइस

सी) बार क्लैंप

डी) सी- क्लैंप

Q 83) निम्नलिखित में से कौन इमारती लकड़ी का परिरक्षक नहीं है?

ए) गोंद

बी) तारो

सी) क्रेओसोट

डी) रासायनिक नमक

Q 84) सिंगल कट फाइल का कोण________ होता है।

ए) 60°

बी) 51°

सी) 70°

डी) 90°

Q 85) आरी को नुकीला बनाने के लिए इस्तेमाल की जाने वाली फाइल _________ है।

ए) त्रिकोणीय फ़ाइल

बी) हाफ राउंड फाइल

सी) अनियमित फ़ाइल

डी) ऑगर बिट फ़ाइल

Q 86) "गाँठ" इमारती लकड़ी में एक प्रकार का दोष है, जो __________ के कारण होता है।

ए) प्राकृतिक कारण

बी) मसाला

सी) कवक द्वारा हमला

डी) कीड़ों द्वारा हमला

Q 87) मसाला बनाने का सबसे तेज़ और प्रभावी तरीका कौन सा है?

ए) इलेक्ट्रिक मसाला

बी) भट्ठा मसाला

सी) प्राकृतिक मसाला

डी) रासायनिक मसाला

Q 88) निम्नलिखित में से कौन एक प्रकार की गैर-दुर्दम्य इमारती लकड़ी है?

ए) देवदार

बी) सागौन

सी) शीशम

डी) सालो

Q 89) _________________ जोड़ बढ़ईगीरी जोड़ का सबसे सरल रूप है।

ए) डोवेटेल

बी) खरगोश

सी) उंगली

डी) लैप

Q 90) फर्नीचर के लिए किस प्रकार की लकड़ी सबसे अच्छी है?

चेरी

बी) सफेद ओक

सी) पाइन

डी) सागौन

Q 91) आकृति में दिखाई गई कुर्सी को पहचानिए।

ए) लकड़ी से लैस कुर्सी

बी) स्टील सशस्त्र कुर्सी

सी) लकड़ी की आर्मलेस कुर्सी

डी) लकड़ी का स्टूल

Q 92) निम्नलिखित में से कौन एक प्रकार का गोलाकार आरी ब्लेड है?

ए) क्रॉसकट

बी) तेजस्वी

सी) संयोजन

डी) ये सभी

Q 93) कौन सा आरी ऑपरेशन सर्कुलर आरा मशीन से संबंधित नहीं है?

ए) चीर देखा

बी) मोल्ड काटना

सी) मेटर कटिंग

डी) क्रॉस कटिंग

Q 94) योजना बनाने से पहले, हमें _________ के लिए सतह का निरीक्षण करना चाहिए।

ए) टर्निंग

बी) वारपिंग

सी) सही आयाम

डी) ट्रिमिंग

Q 95) बैंड आरा मशीन का अधिकतम टाइलिंग कोण _______ है।

ए) 45°

बी) 60°

सी) 90°

डी) 120°

Q 96) बैंड आरा के आकार ___________ द्वारा निर्धारित किए जाते हैं।

ए) व्हील व्यास

बी) ब्लेड मोटाई

सी) टेबल का आकार

डी) इनमें से कोई नहीं

Q 97) खोखली छेनी मोर्टिजिंग मशीन ड्रिल की क्रिया के साथ एक __________ छेनी की कटिंग को जोड़ती है

केंद्र में बिट।

ए) चार तरफा

बी) दो तरफा

सी) तीन तरफा

डी) इनमें से कोई नहीं

Q 98) मोर्टिजर मशीन एक _________ मशीन है, जिसका उपयोग वर्गाकार और आयताकार ड्रिल करने के लिए किया जाता है

लकड़ी।

ए) लकड़ी का काम

बी) धातु का काम

सी) मिट्टी का काम

डी) इनमें से कोई नहीं

Q 99) चित्र में दिखाए गए बढ़ई उपकरण का नाम क्या है?

ए) क्लॉ हैमर

बी) बॉल पीन हैमर

सी) क्रॉस पीनहैमर

डी) स्ट्रेट पीन हैमर

Q 100) निम्नलिखित में से कौन सा फर्नीचर टेबल का प्रकार नहीं है?

ए) चाय की मेज

बी) कंप्यूटर टेबल

सी) खाने की मेज

डी) एक्सेल टेबल

Q 101) पावर प्लेन अनिवार्य रूप से एक __________ है जो कटर बार को चलाता है।

ए) हाई स्पीड मोटर

बी) हाई स्पीड इंजन

सी) कम गति वाली मोटर

डी) इनमें से कोई नहीं

Q 102) सैंडिंग डिस्क __________ का उपयोग करके स्थापित की जाती हैं।

ए) विभिन्न आकारों के दो रिंच

बी) दबाव के प्रति संवेदनशील चिपकने वाला

सी) तनाव घुंडी

डी) चक कुंजी

क्यू 103) चित्र में दिखाए गए सैंडिंग मशीन के प्रकार की पहचान करें।

ए) डिस्क सैंडर

बी) बेल्ट सैंडर

सी) स्पिंडल सैंडर

डी) गियर सैंडर

Q 104) फ्रेम और पैनल निर्माण में, बाहरी ऊर्ध्वाधर फ्रेम सदस्य __________ होते हैं।

ए) स्टाइल्स

बी) रेल्स

सी) लॉक रेल

डी) मुलियन

क्यू 105) __________ खिड़कियां स्लाइडिंग दरवाजे के समान हैं और शटर रोलर बीयरिंग पर चलता है, या तो क्षैतिज या लंबवत।

ए) स्लाइडिंग

बी) स्विंगिंग

सी) रोलिंग

डी) धातु

Q 106) स्लाइडिंग विंडो एक प्रकार की विंडो है जिसमें शटर __________ चलता है।

ए) क्षैतिज

बी) लंबवत

सी) या तो क्षैतिज या लंबवत

डी) इनमें से कोई नहीं

प्रश्न 107) सतह पर पोटीन लगाने का मुख्य उद्देश्य क्या है?

ए) दीवार की सतह पर किसी भी हेयरलाइन दरार या छेद को भरने के लिए

बी) पेंटिंग के लिए तैयार एक समान, समतल सतह बनाने के लिए,

ग) पानी के रिसाव को रोकने या कम करने के लिए

डी) ये सभी

Q 108) उस सहायक का नाम बताइए जिसका उपयोग ड्रिलिंग मशीन में नहीं किया जाता है।

ए) उपकरण धारक

बी) आस्तीन

सी) सॉकेट

डी) ड्रिल चक

Q 109) A __________ एक बिजली उपकरण है जो भारी-भरकम कार्य जैसे ड्रिलिंग और छेनी को कठिन रूप से कर सकता है सामग्री।

ए) रोटरी हथौड़ा

बी) जैक प्लेन

सी) बेल्ट सैंडर

डी) पारस्परिक आरा

Q 110) एक ढलान वाली छत की रिज लाइन पर प्रदान किया गया लकड़ी का टुकड़ा __________ के रूप में जाना जाता है।

ए) बाद में

पुल

सी) गेबल

डी) पिच

क्यू 111) __________ छतों में, बिना किसी मध्यवर्ती समर्थन के सामान्य बाद में खुद को प्रदान किया जाता है।

एक भी

बी) डबल

सी) पर्लिन

डी) ट्रस्ड

Q 112) नीचे दिया गया चित्र a__________ दिखाता है।

ए) रानी पोस्ट ट्रस

बी) किंग पोस्ट ट्रस

सी) रानी पोस्ट और किंग पोस्ट ट्रस दोनों

डी) इनमें से कोई नहीं

क्यू 113) _________ फर्श में सिंगल जॉइस्ट होते हैं जो फ्लोर बोर्ड के नीचे रखे जाते हैं।

ए) एकल संयुक्त लकड़ी का फर्श

बी) सिंगल जॉइस्ट टिम्बर फ्लोर

सी) एकल लकड़ी का फर्श

डी) जॉस्ट फ्लोर

Q 114) सैंड पेपर की शीट की मोटाई ____________ आकार निर्धारित करती है।

ए) ग्रिट

बी) सैंड

सी) कागज

डी) एल्यूमिनियम ऑक्साइड

Q 115) बढ़ई द्वारा लकड़ी को चिकना करने के लिए किस उपकरण का उपयोग किया जाता है?

एक विमान

बी) छेनी

सी) चीर देखा

डी) रास्प

Q 116) लकड़ी की नमी की मात्रा में परिवर्तन के परिणामस्वरूप लकड़ी का ___________ हो सकता है जो तनाव और दरार कर सकता है

कोटिंग्स

ए) सूजन

बी) संकोचन

सी) सूजन और सिकुड़न दोनों

डी) इनमें से कोई नहीं

Q 117) ____________ लकड़ी से लोहे के दाग हटाने में विशेष रूप से प्रभावी है।

ए) ऑक्सालिक एसिड

बी) ब्लीच

सी) पानी

डी) तेल

Q 118) प्राइमरों का उपयोग _________ में किया जाता है।

ए) पेंटिंग से पहले

बी) पेंटिंग के बाद

सी) पेंट के साथ

डी) इनमें से कोई नहीं

Q 119) सबसे टिकाऊ वार्निश ___________ है।

ए) तेल वार्निश

बी) जल वार्निश

सी) स्प्रिट वार्निश

डी) ये सभी

Q 120) वुड वर्किंग सीएनसी राउटर में, सीएनसी का मतलब ________ है।

ए) कंप्यूटर संख्यात्मक नियंत्रण

बी) नियंत्रण संख्यात्मक नियंत्रण

सी) कंप्यूटर नंबर नियंत्रण

डी) काउंटर न्यूमेरिक कंट्रोल

Q 121) सीएनसी ऑपरेशन में G00 _________ के लिए एक कोड है।

ए) रैपिड पोजिशनिंग

बी) रैखिक इंटरपोलेशन

सी) परिपत्र इंटरपोलेशन

डी) इनमें से कोई नहीं

Q 122) सीएनसी ऑपरेशन में M00 _________ के लिए एक कोड है।

ए) प्रोग्राम स्टॉप

बी) स्पिंडल स्टार्ट

सी) उपकरण परिवर्तन

डी) शीतलक चालू

Q 123) लकड़ी का घनत्व निर्धारित करते समय नमी की मात्रा क्या होनी चाहिए?

ए) 12%

बी) 18%

सी) 20%

डी) 22%

Q 124) वुड टर्निंग लेथ मशीन का मुख्य घटक __________ है।

ए) हेड स्टॉक और स्पिंडल

बी) टेल स्टॉक और पॉपपेट बैरल

सी) बिस्तर और उपकरण आराम

डी) ये सभी

Q 125) स्पिंडल टर्निंग में लाइव सेंटर और __________ के बीच रखे गए टर्निंग स्टॉक शामिल हैं।

ए) स्पर

बी) उपकरण आराम

सी) हेडस्टॉक

डी) मृत केंद्र

Q 126) मशीन पर काम करते समय पहली प्राथमिकता है-

ए) कोई गलती न करें

बी) आसपास के अन्य लोगों को देखें

ग) हमेशा सुरक्षा के बारे में सोचना

डी) इनमें से कोई नहीं

Q 127) लकड़ी पर मोम की पॉलिश निम्नलिखित में से किस श्रेणी में आती है?

ए) बाष्पीकरणीय

बी) साफ़ करें

सी) पानी आधारित

डी) इनमें से कोई नहीं

उत्तर कुंजी

Level 1 Answer key

Question No.	Option	Question No.	Option	Question No.	Option	Question No.	Option	Question No.	Option
1	B	31	B	61	B	91	A	121	A
2	B	32	A	62	A	92	D	122	A
3	A	33	D	63	A	93	B	123	A
4	A	34	C	64	A	94	C	124	D
5	B	35	B	65	A	95	A	125	D
6	D	36	A	66	A	96	A	126	A
7	C	37	A	67	A	97	A	127	A
8	C	38	A	68	A	98	A		
9	C	39	D	69	A	99	A		
10	A	40	A	70	A	100	D		
11	B	41	D	71	A	101	A		
12	B	42	C	72	A	102	C		
13	C	43	B	73	D	103	A		
14	D	44	C	74	A	104	A		
15	C	45	A	75	D	105	A		
16	B	46	C	76	A	106	A		

17	A	47	B	77	A	107	D
18	C	48	C	78	A	108	A
19	C	49	D	79	A	109	A
20	C	50	A	80	A	110	B
21	B	51	C	81	A	111	A
22	A	52	B	82	A	112	A
23	B	53	B	83	A	113	B
24	B	54	A	84	A	114	A
25	A	55	A	85	A	115	A
26	A	56	A	86	A	116	C
27	A	57	C	87	A	117	A
28	C	58	A	88	A	118	A
29	A	59	D	89	D	119	A
30	D	60	A	90	D	120	A

बढ़ई स्तर 2

Q1) सॉफ्टवुड सदाबहार वृक्षों से प्राप्त होता है, जिन्हें .... कहा जाता है।

ए) पर्णपाती

बी) पाइन

सी) शंकुवृक्ष

डी) फिरो

Q 2) नीचे दी गई आकृति में किस प्रकार की आरी दिखाई गई है?

ए) धनुष देखा

बी) मुकाबला देखा

सी) फ्रेट्सॉ

डी) कम्पास देखा

क्यू 3) कर्फ शब्द .... से जुड़ा है

ए) फ़ाइलें

बी) हथौड़ों

सी) आरी

डी) छेनी

Q 4) नीचे दिखाए गए छेनी की आकृति में, A और B को क्या कहा जाता है?

ए) किनारा और सामी

बी) छेनी ब्लेड और तांग (हैंडल के अंदर)

सी) चेहरा और पैर की अंगुली

डी) किनारे और पैर की अंगुली

क्यू 5) नीचे दी गई आकृति में दिखाए गए आरी के प्रोफाइल ए और बी की पहचान करें। और बी को सूचना। ए

ए) (ए) रिप प्रोफाइल (बी) रिप प्रोफाइल

बी) (ए) क्रॉस-कट प्रोफाइल (बी) रिप प्रोफाइल

सी) (ए) रिप प्रोफाइल (बी) क्रॉस-कट प्रोफाइल

डी) (ए) क्रॉस-कट प्रोफाइल (बी) क्रॉस-कट प्रोफाइल

Q 6) नीचे दिए गए चित्र में दिखाए गए लकड़ी में किस प्रकार के झटकों की पहचान करें।

ए) कप हिलाता है

बी) दिल कांपता है

सी) अंगूठी हिलाता है

डी) स्टार हिलाता है

Q 7) इनमें से किस लकड़ी का घनत्व सबसे अधिक है?

ए) सागौन

बी) देवदार

सी) चिरो

डी) कैली

Q 8) लकड़ी के प्राकृतिक सीज़निंग में नमी की मात्रा को कम करना मुश्किल होता है..

ए) 15% / 15%

बी) 25% / 25%

सी) 35% / 35%

डी) 45% / 45%

क्यू 9) लकड़ी के संरक्षण के तरीकों में से एक क्रेओसोट तेल का अनुप्रयोग है। क्रेओसोट क्या है?

ए) यह एक तरह का पेंट है

बी) यह कोलतार के आसवन द्वारा प्राप्त किया जाता है / यह तारकोल के असवन से

सी) यह कॉपर सल्फेट की तरह एक प्रकार का रासायनिक नमक है

डी) यह चिकनाई वाले तेल की तरह है

Q 10) नीचे दी गई आकृति में, कोने का आधा लैप लकड़ी का जोड़ कौन सा है?

ए) संयुक्त 1

बी) संयुक्त 2

सी) संयुक्त 3

डी) संयुक्त 4

प्रश्न 11) प्लास्टिक रेजिन गोंद को बाहरी फर्नीचर पर उपयोग के लिए अनुशंसित क्यों नहीं किया जाता है?

ए) यह जलरोधक नहीं है

बी) यह पानी प्रतिरोधी नहीं है

C) यह धूप में पिघलता है

डी) इनमें से कोई नहीं

Q 12) पेड़ के क्रॉस सेक्शन में पिथ का दूसरा नाम क्या है?

ए) ज़ाइलास्ट्रस

बी) मज्जा

सी) पैरेन्काइमा

डी) साइकाडोफाइटा

अइ

Q 13) बाहरी के लिए क्या अनुशंसित नहीं है?

ए) समुद्री बोर्ड

बी) हार्डिफ्लेक्स

सी) साधारण प्लाईवुड

डी) फिसेम

Q 14) लकड़ी की कई परतों से बने लकड़ी के सदस्य का वर्णन करने के लिए किस शब्द का प्रयोग किया जाता है, जिसकी अनाज दिशाएँ होती हैं?

क्या सभी काफी हद तक समानांतर हैं?

ए) टुकड़े टुकड़े में लकड़ी

बी) उपचारित लकड़ी

सी) चिपके हुए लकड़ी

डी) चिप बोर्ड

Q 15) निर्मित बोर्ड को ठोस लकड़ी का विकल्प माना जाता है। निर्मित के बारे में क्या सच नहीं है

बोर्ड?

ए) वे स्थिर हैं

बी) वे एक समान मोटाई के साथ बड़े आकार में उपलब्ध हैं

सी) वे किफायती हैं

D) वे उष्ण कटिबंधीय वनों को नष्ट करते हैं

Q 16) लकड़ी के स्टड के लिए 12 मिमी प्लास्टरबोर्ड फिक्सिंग में उपयोग करने के लिए सबसे उपयुक्त फिक्सिंग है

ए) 50 मिमी अंडाकार

बी) 35 मिमी स्टेनलेस स्टील स्क्रू

सी) 35 मिमी ड्राईवॉल स्क्रू

डी) 75 मिमी राउंडहेड्स

Q 17) नाखून के आकार की इकाई को .... कहा जाता है।

ए) अंक

बी) पेनी नंबर

सी) ग्राम में वजन

डी) इनमें से कोई नहीं

Q 18) लंबी संकरी टिकाएं जो उन दो सतहों की पूरी लंबाई को चलाती हैं जिनसे उनकी पत्तियां जुड़ी हुई हैं, कहलाती हैं

....

ए) संसद टिका है

बी) जैतून का पोर टिका है

सी) अदृश्य टिका

डी) पियानो टिका है

Q 19) कीहोल के चारों ओर सुरक्षा के लिए धातु का एक टुकड़ा (ताला) नीचे दिखाया गया है। यह कहा जाता है....

एक कवर

बी) चेहरा

सी) ब्लॉक

डी) एस्क्यूचियन

Q 20) नीचे दिखाए गए उस टूल की पहचान करें जिसका उपयोग एक बड़ा वृत्त बनाने के लिए किया जा रहा है।

ए) स्क्रिबर

बी) डिवाइडर

सी) ट्रामेल

डी) कैलिपर

Q 21) चीड़ की लकड़ी .... का एक उदाहरण है।

ए) पर्णपाती

बी) शंकुवृक्ष

सी) सफेद

डी) निर्माण

Q 22) नीचे दिए गए चित्र में दिखाया गया जोड़ किस प्रकार का है?

ए) खरगोश संयुक्त

बी) मेटर संयुक्त

सी) फिंगर जॉइंट

डी) जीभ कोण नाली संयुक्त

Q 23) नीचे दिए गए चित्र में दिखाया गया स्क्रू हेड किस प्रकार का है?

ए) फिलिप्स

बी) छेड़छाड़ प्रतिरोधी

सी) टोरेक्स

डी) एलन

Q 24) लकड़ी के टुकड़ों के किनारों A और B (नीचे दी गई आकृति) को क्या कहते हैं?

ए) (ए) बेवेल्ड (बी) पतला

बी) (ए) बेवेल्ड (बी) चम्फर्ड

सी) (ए) चम्फर्ड (बी) बेवेल्ड

डी) (ए) चम्फर्ड (बी) पतला

क्यू 25) नीचे दिया गया चित्र तीन विमानों को दर्शाता है। उन्हें बाएं से दाएं सही नाम दें।

ए) जैक विमान; चौरसाई विमान; विमान का प्रयास करें

बी) विमान का प्रयास करें; चौरसाई विमान; रंदा

सी) चौरसाई विमान; रंदा; विमान का प्रयास करें

डी) जैक विमान; विमान का प्रयास करें; चौरसाई विमान

Q 26) लकड़ी के बिजली के मौसम के संबंध में कौन सा कथन सत्य नहीं है?

ए) यह मसाला का तेज़ तरीका है

बी) यह कम आवृत्ति विद्युत प्रवाह का उपयोग करता है

सी) इसकी प्रारंभिक लागत और रखरखाव लागत अधिक है

डी) लकड़ी, जब हरी होती है, विद्युत प्रवाह के प्रवाह के लिए कम प्रतिरोध प्रदान करती है

Q 27) लकड़ी का रूपांतरण जैसा कि नीचे दिए गए चित्र में दिखाया गया है ....

ए) रेडियल काटने का कार्य

बी) क्वार्टर काटने का कार्य

सी) स्पर्शरेखा काटने का कार्य

डी) बॉलिंग

Q 28) जहां दरवाजे को दोनों तरफ झूलने की आवश्यकता होती है, वहां इस्तेमाल किए जाने वाले टिका ....

ए) डबल एक्शन टिका है

बी) टी टिका है

सी) घर्षण टिका

डी) छुपा टिका

Q 29) नीचे दिया गया चित्र .... दिखाता है।

ए) वसंत कुंडी

बी) डेडलॉकिंग लैचबोल्ट

सी) सहायक कुंडी

डी) डेडबोल्ट

Q 30) एक ट्रस का बाहरी सदस्य जो लिफाफा या आकार को परिभाषित करता है / हैं ....

ए) वेब

बी) तार

सी) मैं - बीम

डी) कंक्रीट

Q 31) नीचे दिए गए चित्र में दिखाए गए ट्रस की आकृति में, स्ट्रट को ... द्वारा दर्शाया गया है।

ए) 1

बी) 2

सी) 3

डी) 4

Q 32) नीचे दी गई तालिका की आकृति में, तीरों द्वारा किस भाग को दर्शाया गया है?

ए) एप्रन

बी) सजावटी मनका

सी) क्रॉस सदस्य

डी) कॉर्नर ब्रेस

Q 33) नीचे दिखाए गए सीढ़ी के चित्र में, A को क्या कहा जाता है?

ए) चलना

बी) उदय

सी) नोजिंग

डी) शुरुआती

Q 34) नीचे दिखाई गई सीढ़ी की आकृति में दूरी A को क्या कहा जाता है?

ए) सीढ़ी कदम

बी) सीढ़ी उठना

सी) सीढ़ी जा रहा है

डी) सीढ़ी की जगह

Q 35) चित्र नीचे एक यांत्रिक उपकरण दिखाता है जिसे .... कहा जाता है

एक बिल्ली

बी) कुत्ता

सी) वुल्फ

डी) भेड़

प्र 36) यदि एक डिस्पे बोर्ड को दीवार पर टांगना है, तो आप फांसी के लिए किसका उपयोग करेंगे?

ए) पेंच आंख

बी) स्क्वायर हुक

सी) बेंच हुक

डी) पिनसर

Q 37) लकड़ी के टुकड़े में इस्तेमाल होने वाले घुमावदार या वी-आकार के ब्लेड वाले छेनी जैसे उपकरण का नाम बताइए।

ए) गेज

बी) गौज

सी) गमुत

डी) गाउट

Q 38) सैंडपेपर पर सबसे अधिक बार इस्तेमाल किया जाने वाला अपघर्षक ग्रिट क्या है?

ए) तात्को

बी) बोरोन

सी) चकमक पत्थर

डी) झांवा

Q 39) नीचे दिए गए चित्र में किस प्रकार की विंडो दिखाई गई है?

ए) स्लाइडिंग विंडो

बी) लौवर वाली खिड़की

सी) ख़िड़की खिड़की

डी) सैश विंडो

क्यू 40) पारस्परिक विद्युत आरी का नाम बताइए जो विशेष रूप से वक्रों को काटने में उपयोगी है।

ए) टेबल देखा

बी) स्क्रॉल देखा

सी) आरा

डी) बैंड देखा

Q 41) हवाई जहाज़ या छेनी का प्रयोग करते समय ....

ए) दस्ताने

बी) नेत्र सुरक्षा

सी) कान की सुरक्षा

डी) लेग कवरिंग

प्र 42) बिजली चालू करने से पहले लकड़ी के टुकड़े को खराद पर हाथ से चालू करना क्यों महत्वपूर्ण है?

ए) स्प्लिंटर्स और दरारों की जांच करने के लिए

बी) टूल रेस्ट क्लीयरेंस की जांच करने के लिए

सी) यह जांचने के लिए कि स्टॉक ढीला नहीं है

D। उपरोक्त सभी

Q 43) नौकरी की धुरी के समानांतर एक खराद पर उपकरण को घुमाने को कहा जाता है ....

ए) क्रॉस फीड

बी) अनुदैर्ध्य फ़ीड

सी) ट्रैवर्स फ़ीड

डी) गहराई फ़ीड

Q 44) कौन सा उपकरण एक गोलाकार ब्लेड का उपयोग करके लकड़ी के कोण पर कटौती करता है?

ए) चेन देखा

बी) मेटर देखा

सी) ड्रिल देखा

डी) आश्चर्य देखा

प्र 45) टिम्बर मुंशी (नीचे चित्र में दिखाया गया है) क्या करता है?

ए) आसान हटाने के लिए नट और बोल्ट पर हुक करें

बी) पेड़ों और लकड़ी को चिह्नित करने के लिए प्रयुक्त

सी) सूखी दीवार छीलें

डी) लकड़ी को आधा में काटने के लिए प्रयुक्त होता है

Q 46) नीचे दिए गए चित्र में दिखाए गए टूल को .... कहा जाता है।

ए) स्लाइडिंग चाकू

बी) उपयोगिता चाकू

सी) आसान चाकू

डी) पिनर चाकू

Q 47) एक सीएनसी मशीन को पूर्ण संचालन के लिए लाने की प्रक्रिया कहलाती है ..

ए) ड्राई रन / ड एआई रो

बी) जॉगिंग / जॉगिंग

सी) ज़ीरोइंग / जीरोइंग

D) इनिशियलाइज़िंग / इनिशियलाइज़िंग

Q 48) आकृति में दिखाए गए टूल को पहचानें । \ म दशा ? ये इसके लिए टूल की यह कर |

एक पंक्ति

बी) छेनी

सी) माइक्रोमीटर

डी) स्क्राइबर

Q 49) आकृति में दिखाए गए टूल को पहचानें।

ए) विमान की कोशिश करना

बी) जैक प्लेन

सी) चौरसाई विमान

डी) रिबेट प्लेन

Q 50) निम्नलिखित में से कौन लकड़ी का यांत्रिक गुण है?

ए) ताकत

बी) कठोरता

सी) कठोरता

डी) ये सभी

क्यू 51) मसाला क्या है?

ए) पानी निकालने की प्रक्रिया

बी) लकड़ी जलाने की प्रक्रिया

सी) परिरक्षकों को जोड़ने की प्रक्रिया

डी) शीशा जोड़ने की प्रक्रिया

Q 52) आकृति में दिखाए गए जोड़ के प्रकार की पहचान करें।

ए) मेटर संयुक्त

बी) फिंगर जॉइन

सी) मछली संयुक्त

डी) हाफ लैप जॉइंट

Q 53) आकृति में दिखाए गए जोड़ के प्रकार की पहचान करें।

ए) लगाम संयुक्त

बी) फिंगर जॉइंट

सी) मछली संयुक्त

डी) हाफ लैप जॉइंट

Q 54) ___________ जोड़ों को बोर्ड की चौड़ाई बढ़ाने के लिए लगाया जाता है या तख्त, जो किनारे से किनारे तक रखे जाते हैं।

ए) चौड़ीकरण

बी) कोण

सी) लैप्ड

डी) लंबा करना

Q 55) निम्नलिखित में से कौन एक हड़ताली उपकरण है?

एक हथौड़ा

बी) रीमर

सी) जम्पर

डी) हैमर बिट

Q 56) लकड़ी के स्क्रू के थ्रेडेड हिस्से को प्राप्त करने के लिए __________ छेद ड्रिल किया जाता है।

ए) शंकु

बी) काउंटर बोर

सी) एंकर

डी) कॉन्टर सिंक

Q 57) कौन सा बोर्ड 18-38 मिमी मोटाई में विभिन्न आकारों की देशी लकड़ी की पट्टियों से बना है?

ए) हार्ड बोर्ड

बी) प्लाई बोर्ड

सी) चिप बोर्ड

डी) ब्लॉक बोर्ड

Q 58) लैमिनेट्स का मानक आकार क्या है?

ए) 4×8

बी) 3×7

सी) 5×12

डी) इनमें से कोई नहीं

Q 59) सीज़निंग का उद्देश्य _________ को कम करना नहीं है।

ए) कठोरता

बी) संकोचन

सी) वजन

डी) इनमें से कोई नहीं

Q 60) आकृति में दिखाए गए हाथ के औजार को पहचानिए?

ए) हैंड ड्रिल

बी) गिमलेट

सी) शाफ़्ट ब्रेस

डी) इलेक्ट्रिक ड्रिल

Q 61) इमारती लकड़ी के परिरक्षण के लिए किस परिरक्षक का उपयोग किया जाता है?\ लकड़ी के सनर ण _ के सूक्ष्म क्यू सा सनर का _ उपयोग इक्या परदा है ?

ए) टैर\ लेटर

बी) पेंट \ प ट

सी) रासायनिक नमक\ रसिनक सा _

डी) ये सभी\ ये सभी

Q 62) मोटाई प्लानर में नियोजन के लिए फीड रोल स्टॉक को किस दिशा में ले जाता है?

ए) पिछड़ा

बी) ऊपर दिशा

सी) फॉरवर्ड

डी) नीचे की दिशा

Q 63) चित्र में दिखाई गई मशीन को पहचानिए।

ए) चेन मोर्टिसर

बी) पोर्टेबल इलेक्ट्रिक जिग आरी

सी) डिस्क सैंडर

डी) इनमें से कोई नहीं

Q 64) आकृति में दिखाए गए काज को पहचानें।

ए) बट काज

बी) फ्लश काज

सी) काज को हटा दें

डी) टी काज

Q 65) कैबिनेट दाखिल करने के लिए निम्नलिखित में से कौन सा ताला सबसे उपयुक्त है?

ए) कैम लॉक

बी) पैड लॉक

सी) मोर्टिज़ लॉक

डी) ऊब गया ताला

Q 66) चित्र में दिखाए गए ताले को पहचानिए।

ए) मोर्टिज़ लॉक

बी) बेलनाकार ताला

सी) ऊब गया ताला

डी) यूनिट लॉक

Q 67) निम्नलिखित में से सबसे कठोर चौखट कौन सा है?

ए) टेनन और मोर्टिज़

बी) कैंटो मेसा

C) ओवर लैपिंग फ्रेम रैबेटेड

डी) डोवेटेल

Q 68) पारंपरिक _________ दरवाजे के शटर में लपेटने, सड़ने, पेंटिंग करने और की अपरिहार्य समस्याएं हैं

भरण पोषण।

ए) धातु

बी) लकड़ी

सी) ग्लास

डी) प्लाईवुड

Q 69) लकड़ी में कौन सा उपकरण फेस साइड और फेस एज का उत्पादन कर सकता है?

ए) जैक प्लेन

बी) बेल्ट सैंडर

सी) पारस्परिक आरा

डी) राउटर

Q 70) पोर्टेबल मशीन टूल्स में से कौन सा लकड़ी, कंपोजिशन बोर्ड, विनियर, काटने के लिए बहुत सक्षम है।

प्लास्टिक, कार्ड बोर्ड और चमड़ा?

ए) पोर्टेबल इलेक्ट्रिक जिग आरी

बी) पोर्टेबल इलेक्ट्रिक सर्कुलर हैंड आरी

सी) पोर्टेबल सैंडर

डी) पोर्टेबल इलेक्ट्रिक राउटर

Q 71) किंग पोस्ट ट्रस क्या है?

ए) एक किंग पोस्ट ट्रस में दो प्रमुख राफ्टर्स होते हैं, एक टाई बीम, और एक सेंट्रल वर्टिकल किंग पोस्ट

बी) एक राजा पोस्ट ट्रस में एक प्रमुख राफ्टर, एक टाई बीम और एक केंद्रीय ऊर्ध्वाधर राजा पोस्ट होता है

सी) एक किंग पोस्ट ट्रस में दो प्रमुख राफ्टर्स और दो केंद्रीय लंबवत किंग पोस्ट होते हैं

डी) इनमें से कोई नहीं

Q 72) फिनिश टर्निंग के लिए निम्नलिखित में से कौन सा सही नहीं है?

ए) इस्तेमाल किया गया उपकरण एक तिरछा है

बी) या तो काटने या स्क्रैप करने के तरीकों का इस्तेमाल किया जा सकता है

सी) वर्कपीस के केंद्र में काम शुरू हो गया है

डी) इनमें से कोई नहीं

Q 73) लकड़ी के खराद को चालू करने के लिए खुरदरी सतह को जल्दी से काटने के लिए इस्तेमाल की जाने वाली छेनी का क्या नाम है?

ए) मजबूत छेनी

बी) गेज छेनी

सी) तिरछी छेनी

डी) मोर्टिज़ छेनी

Level 2 Answer key

Question No.	Option	Question No.	Option	Question No.	Option
1	C	31	D	61	D
2	D	32	A	62	C
3	C	33	C	63	A
4	B	34	C	64	A
5	C	35	B	65	A
6	D	36	B	66	A
7	A	37	B	67	A
8	A	38	C	68	B
9	B	39	D	69	A
10	A	40	C	70	A
11	A	41	B	71	A

12	B	42	D	72	D
13	C	43	B	73	B
14	A	44	B		
15	D	45	B		
16	C	46	B		
17	B	47	D		
18	D	48	D		
19	D	49	A		
20	C	50	D		
21	B	51	A		
22	A	52	D		
23	C	53	A		
24	C	54	A		
25	C	55	A		
26	B	56	C		
27	B	57	D		
28	A	58	A		
29	B	59	A		
30	B	60	C		